ふろ古

改訂版

風呂で覚える古文単語

北村 七呂和 監修

JN046000

教学社

はしがき

初めて英語を勉強したときのことを思い出してください。星の数ほどもある英単語を前にして、「アルファベット26字だけ覚えればいいんじゃなかったの？　もしかして、これ、一つ一つ覚えていかなきゃいけないの…」と気が遠くなりませんでしたか？　古文の場合はどうでしょう。現代では、英語を読める人より、『源氏物語』を原文で読める人の方がむしろ少ないかもしれません。古文でも、英単語と同じくらいの数の単語を覚えなければならないのでしょうか？

実は、そんなに悲観的になる必要はありません。たとえば、「空のうち曇りて、風ひややかなるに」という『源氏物語』夕顔巻の一節。現代語とさほど変わらないでしょう。もちろん、「空の」は現代語では「空が」になる、という文法上の違いはあります。でも、単語レベルでは、「空」は「空」だし、「曇る」も「風」も現代語と変わりません。古文は外国語ではなく日本語です。こう考えると少しは気が楽になるでしょう。昔はあったけれど、今はなくなってしまった単語、昔も今も使っているけれど、意味の変わってしまった単語――この二つを重点的に覚えましょう。大学入試でよく問われるのも、この二つです。だから、覚えるべき単語数は英語よりずっと少なくなります。「二月一日。あしたの間《ま》、雨降る。」（土佐日記）を口語訳するなら、「あした」が「朝」という意味だと覚えるだけでよいのです。

一方では逆に、古文も基本的に日本語だから、単語を一つ一つ覚えたりしなくても、文章を読んでいるうちに自然と意味がわかるだろう、と楽観的に考える人もいるかもしれません。確かに、「読書百遍意おのずから通ず」という言葉もあります。でも、これは基礎がしっかりしている場合の話です。それに、限られた試験時間内で「百遍」も読めるはずがありません。となれば、観念して覚えてしまうのが結局は一番の早道なのです。

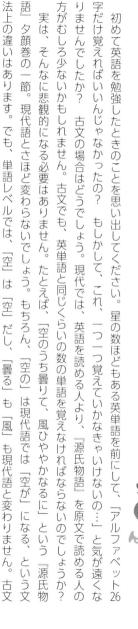

もくじ

凡例

動ハ四　ハ行四段活用動詞
動詞の活用
四…四段活用
上一…上一段活用
上二…上二段活用
下二…下二段活用
変…変格活用
名　名詞
形　形容詞
形動　形容動詞
副　副詞
接　接続詞
連体　連体詞
助動　助動詞
終助　終助詞
接尾語　接尾語
連語　連語
感　感動詞

本書の特長

いつでもどこでも勉強できる！

本書は、水をはじく特殊な紙を使用しています。軽くて耐久性があり、簡単には傷みません。お風呂に持ち込んでも、カバンに入れて常に持ち歩いても大丈夫。ちょっとした時間も有効に使えます。古文単語学習は何よりも積み重ねが大切！　いつでもどこでも気軽に勉強できる本書が大いに効果を発揮します。

意味別の配列

関連性のある語どうしをグループにした覚えやすい配列で、機械的に暗記する苦行から受験生を解放します。また、意味が似ていて紛らわしい語の違いを確認したいときなどにも、この配列が役に立ちます。さらに、二五〇の見出し語のうち、特に重要な一三〇語には＊印が付いています。時間がないときでも、これだけは確実に覚えましょう。

充実した例文

古文単語は、単に意味を覚えただけでは、文中でどのように使われるのかがいまひとつつかめないことが多いのです。そのため、意味が複数ある語では、できる限り多くの意味の例文を掲載し、細かいニュアンスの違いを理解できるようにしています。また、巻末の「さくいん」では、他の語の例文に出てくるケースも探せるようになっています。語のニュアンスがうまくつかめない場合には、より多くの例文に触れてみましょう。

本書の活用法

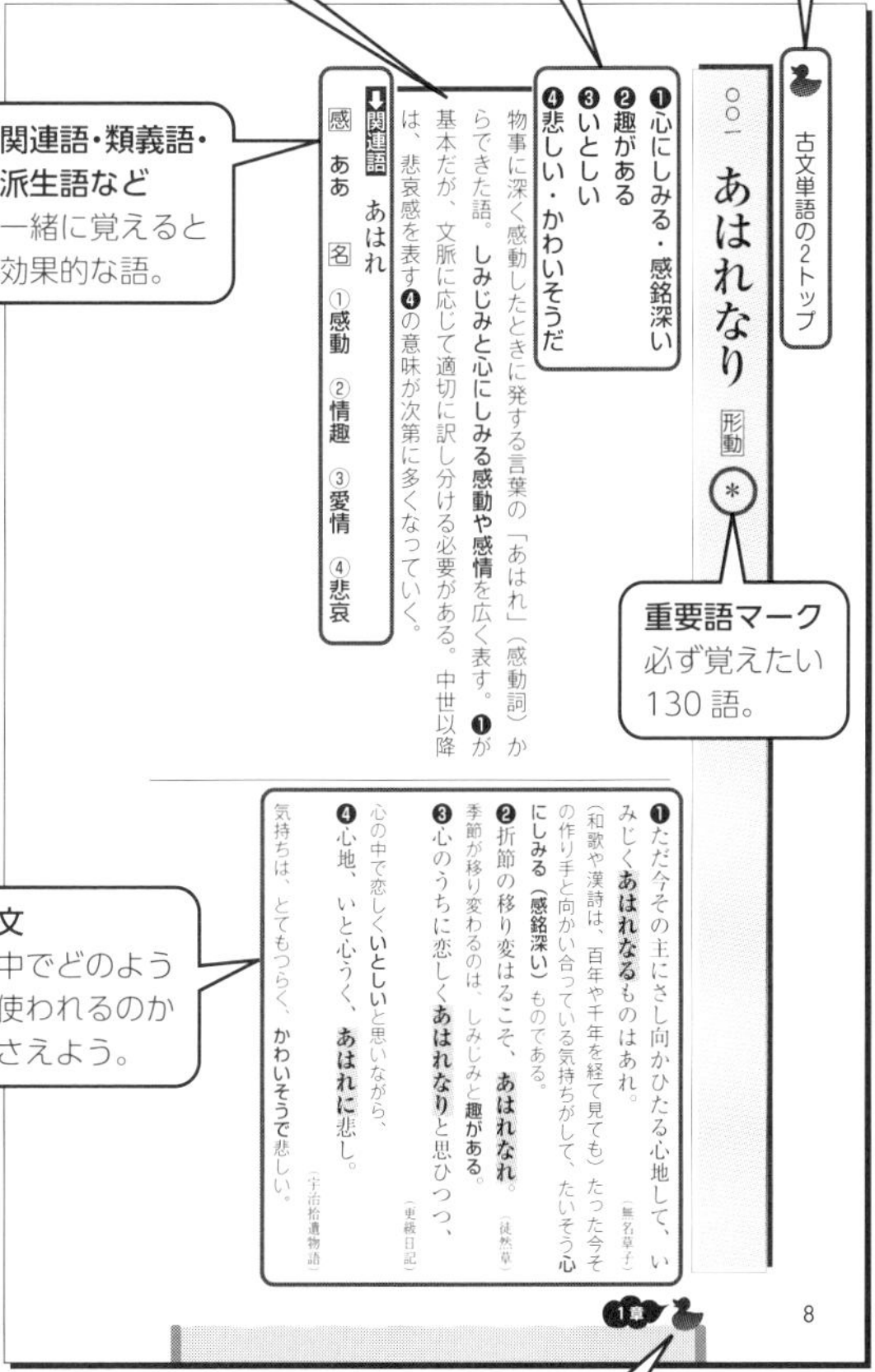
古文単語の2トップ
〇〇一
あはれなり
形動
＊
❶心にしみる・感銘深い
❷趣がある
❸いとしい
❹悲しい・かわいそうだ
物事に深く感動したときに発する言葉の「あはれ」（感動詞）から出来た語。**しみじみと心にしみる感動や感情**を広く表す。❶が基本だが、文脈に応じて適切に訳し分ける必要がある。中世以降は、悲哀感を表す❹の意味が次第に多くなっていく。
⬇関連語　あはれ
感　ああ　名　①感動　②情趣　③愛情　④悲哀
❶ただ今その主にさし向かひたる心地して、いみじく**あはれなる**ものはあれ。（無名草子）
（和歌や漢詩は、百年や千年を経て見ても）たった今その作り手と向かい合っている気持ちがして、たいそう**心にしみる（感銘深い）**ものである。
❷折節の移り変はるこそ、**あはれなれ**。（徒然草）
季節が移り変わるのは、しみじみと**趣がある**。
❸心のうちに恋しく**あはれなり**と思ひつつ、（更級日記）
心の中で恋しく**いとしい**と思いながら、
❹心地、いと心うく、**あはれに**悲し。（宇治拾遺物語）
気持ちは、とてもつらく、**かわいそうで**悲しい。
1章
8

解説
語源や中心的意味を解説。ニュアンスをつかもう。

語意
入試でよく問われる最重要の意味を赤で示しています。

グループ
覚えやすいよう，関連性のある語をグループ化。

関連語・類義語・派生語など
一緒に覚えると効果的な語。

重要語マーク
必ず覚えたい130語。

例文
文中でどのように使われるのかおさえよう。

進度の目安
ページがすすむにつれて，アヒルがお風呂を泳いでいきます。

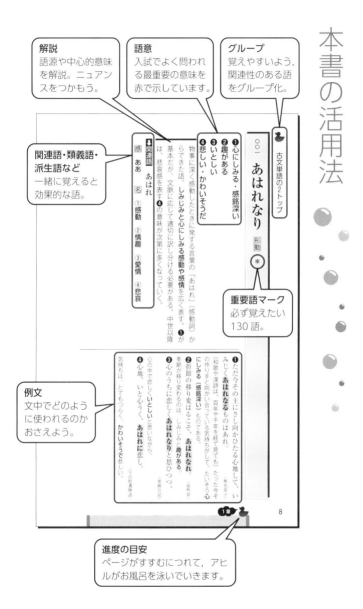

〇〇一 あはれなり 形動 ＊

❶心にしみる・感銘深い
❷趣がある
❸いとしい
❹悲しい・かわいそうだ

物事に深く感動したときに発する言葉の「あはれ」（感動詞）からできた語。**しみじみと心にしみる感動や感情**を広く表す。❶が基本だが、文脈に応じて適切に訳し分ける必要がある。中世以降は、悲哀感を表す❹の意味が次第に多くなっていく。

⬇関連語
感 ああ　あはれ　名 ①**感動**　②**情趣**　③**愛情**　④**悲哀**

❶ただ今その主にさし向かひたる心地して、いみじく**あはれなる**ものはあれ。（無名草子）
（和歌や漢詩は、百年や千年を経て見ても）たった今その作り手と向かい合っている気持ちがして、たいそう**心にしみる（感銘深い）**ものである。
❷折節の移り変はるこそ、**あはれなれ**。（徒然草）
季節が移り変わるのは、しみじみと**趣がある**。
❸心のうちに恋しく**あはれなり**と思ひつつ、（更級日記）
心の中で恋しく**いとしい**と思いながら、
❹心地、いと心うく、**あはれに**悲し。（宇治拾遺物語）
気持ちは、とてもつらく、**かわいそうで**悲しい。

〇〇二 をかし 形 ＊

❶おもしろい・興味深い
❷趣がある
❸かわいい・美しい
❹滑稽だ

明るい感興を表す語。❶を基本とするが、対象をほほえましくとらえる場合は❷・❸、笑いや否定的ニュアンスを伴う場合は❹にもなる。文脈に応じて適切に訳し分ける必要がある。中世以降は、現代語でも言う「おもしろおかしい」の❹の意味が次第に多くなっていく。

関連語
をかしげなり 形動 かわいらしい
おもしろし 形 ①美しい・趣がある ②楽しい・愉快だ

❶**をかしき**ことにもあるかな。（竹取物語）
おもしろいことであるなあ。
❷雨など降るも、**をかし**。（枕草子）
雨などが降るのも、**趣がある**。
❸**をかし**の御髪や。（源氏物語）
美しい御髪だなあ。
❹**をかし**と思ひて、笑ひてやみにけり。（今昔物語集）
滑稽だと思って、笑って終わってしまった。

〇〇三 いみじ 形 *

❶はなはだしい・たいそう
❷すばらしい・すぐれている
❸ひどい

程度がはなはだしいことを表す語。「いみじく〇〇」（またはウ音便で「いみじう〇〇」）という形で「たいそう〇〇」という意味になる❶が基本。「〇〇」の部分が省略されると、プラスの意味の場合❷、マイナスの意味の場合❸になる。文脈判断が重要で、入試でも文脈に適した訳ができるかどうかを問われる。元は「忌《い》む」の形容詞形だが、そのニュアンスはほとんど残っていない。

❶**いみじく**泣くを、（竹取物語）
たいそう泣くのを、
❷あはれに**いみじく**おぼえて、常はこれをのみめで興《きょう》じけるを、（唐物語）
心にしみて**すばらしく**思われて、いつもこればかりをほめて楽しんでいたのを、
❸あな**いみじ**。犬を蔵人二人してうち給ふ。死ぬべし。（枕草子）
ああ**ひどい**。犬を蔵人二人で打ちなさる。死んでしまうに違いない。

〇〇四 ゆゆし 形 ＊

❶神聖で恐れ多い
❷不吉だ
❸恐ろしい・気味が悪い
❹すばらしい・すぐれている
❺はなはだしい・たいそう

「忌忌《ゆゆ》し」で、**神聖で触れるのをはばかられること**を表し、そこから❷の意味にも❹の意味にもなる。❺の意味のときでも❶〜❹のいずれかのニュアンスを含んでいる場合が多い。そこが「いみじ」の❶との違いである。

❶御宝殿《ごほうでん》の御戸《みと》押し開き、**ゆゆしく**けだかげなる御声にて、（平家物語）
（上賀茂神社の）御宝殿の戸を押し開き、**恐れ多く**気高い様子のお声で、
❷菖蒲ふかでは**ゆゆしから**んを、（蜻蛉日記）
（端午の節句に）菖蒲を葺かないと**不吉だろ**うに、
❸たけき者の筋といふ者、女子《をんなご》までうたて**ゆゆしき**ものなり。（発心集）
武士の血筋の者は、娘まで情けなく**恐ろしい**ものだ。
❹おとゞは、**ゆゝしき**相人にておはしましけり。（古今著聞集）
大臣は、**すぐれた**人相見でいらっしゃった。
❺きはめて丈高く、**ゆゆしく**芸能もすぐれ、大の男の剛の者、（義経記）
きわめて背が高く、**たいそう**能力もすぐれ、立派な勇ましい武士が、

〇〇五 めざまし 形 ＊

❶心外だ・気にくわない
❷（予想外に）すばらしい・すぐれている
「目覚《めざ》まし」で、目が覚めるほどに**意外な感じ**を表す。❶は悪い意味で、❷は良い意味で期待を裏切っている様子である。現代語の「めざましい」には「意外な」というニュアンスは乏しいが、「目が覚めるようなきわだった」という意味であるので、原義には関連する。対義語の「めやすし」は「目安し」で、すんなり目に入るという感じ。
⬇対義語 めやすし 形 **感じが良い・見苦しくない**

❶いらへなせそ。**めざまし**。（落窪物語）
返事するな。**気にくわない**。
❷**めざましく**あてに、かぎりなかりつる人のけはひ、ありさまかな。（夜の寝覚）
（身分の低い女性と思っていたら）**予想外にすぐれて**上品で、この上ない態度と容姿であったなあ。
髪ゆるるかにいと長く、**めやすき**人なめり。（源氏物語）
髪がゆるやかでたいそう長く、**感じが良い**人のようだ。

〇〇六 あさまし 形 ＊

❶（意外で）驚きあきれる
❷情けない
意外・驚きを表す語で、❶は悪い意味とは限らない。

❶**あさましき**まで似かよひ給ふめるは。（庚子道の記）
驚くほどそっくりでいらっしゃるようだね。
❷→92ページ例文

〇〇七 よし 形 〇〇八 よろし 形 *

よし（良し） 良い・正しい・美しい・立派だ
よろし まあまあ良い・ほどほどに良い
積極的に「良い」のが「よし」、「悪くない」程度が「よろし」。

鬼と女とは、人に見えぬぞよき。（堤中納言物語）
鬼と女とは、人に見られないのが良いのだ。
よろしき親の、思ひかしづかむにぞ、尋ね出でられ給はまし。（源氏物語）
（内大臣のような立派すぎる親ではなく）ほどほどの親で、大切に世話してくれるような人に、探し出されなさったら良かったのに。

〇〇九 あし 形 〇一〇 わろし 形 *

あし（悪し） 悪い・醜い・憎い
わろし 良くない・みっともない
積極的に「悪い」のが「あし」、「良くない」程度が「わろし」。

物もきこしめさず、日にしたがひて御気色あしうなりおはしませば、（うつほ物語）
物も召し上がらず、日が経つにつれてご機嫌が悪くなりなさるので、
火桶の火もしろき灰がちになりてわろし。（枕草子）
火桶の火も白い灰ばかりになってみっともない。

〇一一 きよらなり〔けうらなり〕 形動 ＊

きよらなり　華麗で美しい・綺麗だ
きよげなり　清らかで美しい・綺麗だ
両方とも「美しい」「綺麗だ」と訳すが、「**きよらなり**」の方がより高貴で華麗な美しさを表し、「**きよげなり**」は清潔感があって小綺麗な感じを表す。

〇一三 かたち 名 ＊

❶容貌・顔立ち
❷ものの形
古語では、「顔の形」つまり**顔立ち**の意味で使われることが多い。
関連語
かたちありさま・かたちすがた 名 **容姿**
かたちあり 動ラ変 **美貌である**
かたちを変ふ 動八下二 **出家する**

〇一二 きよげなり 形動

いと目もあやに**きよらに**ものし給ひしか。（源氏物語）
（若い頃の源氏は）たいそうまぶしいほど**美しく**ていらっしゃったのだ。
人のもとにわざと**きよげに**書きてやりつるふみの返りごと、（枕草子）
人のもとへわざわざ**綺麗に**書いて送った手紙の返事が、

❶君だちの御**かたち**のいづれもすぐれ給へるさま、ただ同じ物とのみ見えて、とりもたがへつべうものし給ふ。（とりかへばや物語）
若君と姫君のお**顔立ち**がどちらもすぐれなさっている様子は、ただ同じ顔とばかり見えて、取り違えてしまいそうでいらっしゃる。

〇一四 にほふ 動八四 ＊

❶美しく色づく
❷美しさがあふれる
❸良い香りがする

目に見える色・つやの**美しさ**を表す❶・❷が本来の意味で、香りの良さを表す❸の意味にも用いられるようになった。❷はつややかで艶麗な**美しさがあふれる**様子を表している。『源氏物語』若菜下では、子供っぽい女三宮を「にほひやかなる方はおくれて、ただいとあてやかにをかしく」と評しているのに対し、東宮妃の明石女御を「いますこしにほひ加はりて、もてなしけはひ心にくく」、理想的な女性として描かれる紫の上を「あたりににほひ満ちたる心地して」と形容し、「にほひ」をキーワードに三人の魅力を書き分けている。

↓派生語 にほひ 名 美しい色合い・美しさ・良い香り
にほひやかなり 形動 美しい

↓関連語 愛敬《あいぎやう》 名 愛らしさ

❶常よりことに尽くして**にほふ**花の色 (源氏物語)
いつもより特に格別に**美しく色づく**花の色
❷いとかう**愛敬**こぼれてうつくしう**にほひ**たるさまは、えこれにおよばざりけん。(夜の寝覚)
たいそうこのように**愛らしさ**がこぼれ落ちるようにかわいらしく**美しさがあふれ**ている様子は、(楊貴妃といえども) この女君には及ばなかっただろう。

〇一五 うつくし 形 ＊　〇一六 らうたし 形 ＊

うつくし　かわいい・いとしい・美しい・立派だ
らうたし　かわいい・いとしい・可憐だ

基本的には両方とも「**かわいい**」「かわいらしい」と訳しておけばよいが、「**うつくし**」は「愛らしい」、「**らうたし**」は「いじらしい」というニュアンスである。

派生語　**らうたがる** 動ラ四　**かわいがる**

何も何も、小さきものは、いと**うつくし**。（枕草子）
何でも、小さいものは、たいそう**かわいい**。
めづらかに舞ひたまふを、いづれをもいと**らうたし**とおぼす。（源氏物語）
（孫たちが）上手に舞いなさるのを、どの子もたいそう**かわいい**とお思いになる。

〇一七 かなし 形 ＊

❶**いとしい・かわいい（愛《かな》し）**
❷**悲しい（悲し・哀し）**

胸が締め付けられるような**愛惜**や**悲哀**の気持ちを表す。古語特有の❶の意味に注意したい。

派生語　**かなしうす** 動サ変　**かわいがる**
かなしがる 動ラ四　**かわいがる**

❶宮も限りなく**かなし**とおぼしたり。（源氏物語）
宮も（孫娘を）この上なく**いとしい**とお思いになった。
❷→8ページ例文

〇一八　やさし　形

❶（身が細るほど）つらい・きまりが悪い・恥ずかしい
❷優美だ・つつましくしとやかだ・風流だ
❸殊勝だ・感心だ
―元は「痩《や》さし」で、❶の意味から次第に❷・❸の意味が生じた。
⬇類義語　優《いう》なり　形動　優美だ・風流だ

❶人の思はむ所の**やさしからむ**。（栄花物語）
（見苦しいことをしたら）人が思うことが**恥ずかしい**だろう。
❷**優にやさしう**口ずさみ給へば、（平家物語）
優美にしとやかに口ずさみなさると、

〇一九　なまめかし　形　＊　〇二〇　なまめく　動カ四

❶若々しく美しい
❷優美だ・上品だ
―「生めかし」「生めく」で、**みずみずしい美しさ**を表す。

❶親ともおぼえず若くきよげに**なまめきて**、（源氏物語）
自分の親とも思われないくらい若く綺麗で**美しくて**、

〇二一　すき〔好き・数寄〕　名　〇二二　すきずきし　形

❶風流・風流である
❷色好み・色好みである
⬇関連語　すきもの　名　風流人・色好み

❶**すきずきしう**あはれなることなり。（枕草子）
風流で心にしみることである。

〇二三 ゆかし 形 ＊

見たい・聞きたい・知りたい
派生語 ゆかしがる 動ラ四
見たがる・聞きたがる・知りたがる

都のことも**ゆかしき**に。
都のことも**知りたい**ので。
（住吉物語）

〇二四 なつかし 形 ＊

❶**心ひかれる・慕わしい・親しみ深い**
❷**なつかしい**
現代でも使われる動詞「なつく」は「慣れ親しむ」という意味であり、「なつかし」は「**慣れ親しみたい**」という気持ちを表す。
現代語と違って、昔のことに限定しない。

❶常よりことに**なつかしう**聞こえさせ給ふ。
いつもより特に**親しみ深く**申し上げなさる。
（源氏物語）

〇二五 こころにくし 形 ＊

すぐれている・奥ゆかしい
「心憎し」で、憎らしいくらい相手が**すぐれている**、ということ。

うらうらしく**心にくく**おはしますものを、
利発で**すぐれて**いらっしゃるのに、
（紫式部日記）

○二六 めでたし 形 ＊

すばらしい・立派だ
「ほめる・賞美する」という意味の動詞「愛《め》づ」に対応している。
現代語の「めでたい」との意味の違いに注意。
関連語 めづらし 形 **新鮮で好ましい**

才《ざえ》はきはめて**めでたけれ**ど、みめはいとしもなし。（古本説話集）
学才はきわめて**立派だ**が、外見はそうでもない。

○二七 はづかし 形 ＊

❶立派だ
❷きまりが悪い
❶はこちらが恥ずかしくなるくらい相手が**立派だ**ということ。

❶よに**はづかしく**心にくきおぼえおはす。（大鏡）
非常に**立派で**すぐれているという評判がおありになる。

○二八 あらまほし 形

❶そうあってほしい
❷理想的だ
動詞「あり」＋願望の助動詞「まほし」が一語の形容詞となったもの。

❶少しのことにも先達《せんだつ》は**あらまほしき**ことなり。（徒然草）
ささいなことにも案内者は**あってほしい**ものである。
❷**あらまほしく**めでたき御あはひ（源氏物語）
理想的ですばらしいご夫婦

〇二九 あたらし 形 ＊

惜しい・残念だ・もったいない
せっかくのすぐれたものが活かされず、**もったいない**と思う気持ちを表す。同音の「新し」は「あらたし」が転じたもので、語源は別である。
派生語 あたら 連体・副 **せっかくの・惜しくも**

御とし五十にだにたらでうせさせ給へる**あたらしさ** （大鏡）
お年が五十歳にさえならないでお亡くなりになった**惜しさ**

〇三〇 くちをし 形

❶残念だ・がっかりする・くやしい
❷情けない・つまらない
同じ「残念」でも、「**あたらし**」は良いものに対する「せっかくなのにもったいない」と惜しむ気持ち、「**くちをし**」は期待はずれの物事に対する不満を表す。

❶年二十二にて頭《かしら》おろす。世の中残り多く、何事もあたらしかるべきほどなれば、さこそ**口惜《くちを》しかり**けめ。（増鏡）
（源頼家は）二十二歳で出家した。人生はまだ長く、何につけても（出家してしまうには）もったいないに違いない年齢なので、さぞかし**くやしかっ**たことだろう。

〇三一 おろかなり 形動 ＊ 〇三二 なほざりなり 形動

おろかなり　おろそかだ・劣っている
なほざりなり　おろそかだ・いい加減だ
関連語　いふもおろかなり 連語　言うまでもない

かばかり心ざし**おろかなら**ぬ人々にこそあめれ。（竹取物語）
こんなにも愛情が**おろそかで**ない人々であるようだ。

〇三三 なのめなり 形動 ＊ 〇三四 おぼろけなり 形動

❶並一通りだ・いい加減だ
❷並一通りでない・非常に

「なのめならず」「おぼろけならず」と否定する形で、「並一通りでなく」の意を表す。また、中世以降は❷のように肯定形で「…ならず」と同じ意味を表すこともあるので、注意が必要である。

❶中将**なのめなら**ずよろこんで、（平家物語）
中将は**並一通りで**なくよろこんで、
❶**おぼろけなら**ぬ御祈りの験《しるし》なるべし。（狭衣物語）
いい加減でないご祈禱のご利益に違いない。

〇三五 なべて 副

❶すべて・総じて
❷並一通り
関連語　なべてならず 連語　並一通りでない

❶→79ページ例文
❷**なべて**のをのこはあはせじと思ひて、（伊勢集）
並一通りの男とは結婚させまいと思って、

〇三六 むつかし 形

❶不快だ・わずらわしい・うっとうしい
❷気味が悪い

現代語の「難しい」との意味の違いに注意。うっとうしくていらいらする感じである。

関連語 むつかる 動ラ四 ①不快に思う ②子供がむずかる

❶遅桜、またすさまじ。虫の付きたるも**むつかし**。（徒然草）
遅咲きの桜も、また興ざめだ。虫が付いているのも**不快**だ。

〇三七 あなづらはし 形

❶見下げたくなる・軽んじるべきだ
❷遠慮がいらない

関連語 あなづる 動ラ四 侮る・軽んじる・見下げる

❶けはひ思ひなしも心にくく、**あなづらはしか**らず。（源氏物語）
態度も気のせいか奥ゆかしく、**軽んじるべき**ではない。

〇三八 うとまし 形

うとましい・いとわしい・気味が悪い

関連語 うとむ 動マ四 うとんじる

人の名につきたる、いと**うとまし**。（枕草子）
（蠅という字が）人の名についているのは、たいそう**いとわしい**。

〇三九 うたて 副・形動

❶いとわしく・情けなく
❷気味悪く
❸不思議に

形容詞だと「うたてし」だが、語幹「うたて」のみで使われることが多い。「あなうたて（ああ情けない）」「あなうたてや（ああ情けないなあ）」など。

⬇関連語 うたてし 形 いとわしい・情けない
うたてさ 名 いとわしさ・情けなさ

❶いで、あな心憂《こころう》。墨染《すみぞめ》こそ、なほ、いとうたて、目もくるる色なりけれ。（源氏物語）
いや、ああつらい。法衣の墨染めは、やはり、たいそういとわしく、目も暗くなるような色であることだ。
俊寛僧都一人、赦免なかりけるこそうたてけれ。（平家物語）
（三人の流人のうち）俊寛僧都一人だけ、赦免されなかったのは情けないことだ。

〇四〇 むくつけし 形

❶気味が悪い・恐ろしい
❷無風流だ・無骨だ

中心的な意味は「不気味」である。現代語でも「むくつけき大男」などと言うが、これは❷の意味に近い。

❶「あなむくつけ。見るまじきものかな」とて、ひき結びて捨て給ひつ。（うつほ物語）
「ああ気味が悪い。見るべきでないものであるよ」と言って、（恋文を）結んで捨てなさった。

○四一 こころづきなし 形 ＊

つまらない・気に入らない・不愉快だ・おもしろくない

「あいなく」「あいなう」の形で、「むやみに」という意味になる場合がある。

いと**心づきなく**、憎かりなん。（徒然草）
たいそう**気に入らず**、憎くなってしまうだろう。

○四二 あいなし 形 ＊

これ思へば**あいなき**ことなり。（栄花物語）
これは思えば**つまらない**ことだ。

○四三 すさまじ 形 ＊

❶興ざめだ・つまらない
❷殺風景だ・恐ろしい

❶は現代語の「すさまじい」とはニュアンスが異なるが、「すさんだ」気分を表すと考えるとわかりやすい。

❶**すさまじき**もの。昼吠ゆる犬。（枕草子）
興ざめなもの。（夜吠えるべきなのに）昼に吠える犬。

○四四 あぢきなし 形 ＊

つまらない・苦々しい・無益だ

つまらないことに対して仕方ないとあきらめる気分を表す。

類義語 よしなし 形 **つまらない・方法がない・無益だ**

あぢきなく春は命の惜しきかな花ぞこの世のほだしなりける（和泉式部集）
無益にも春には命が惜しくなるなあ。花こそがこの世への束縛なのだ。

「つらい」を表す語

○四五 うし 形 ＊　○四六 心憂し 形

❶つらい
❷いとわしい・不愉快だ
関連語には「憂《う》き世」の他に「憂き目（つらい目）」「憂きふし（つらい折節）」「憂き身（つらい我が身）」「憂き名（いとわしい評判）」などがある。

関連語 憂き世 名
つらい世の中・つらい男女の仲・無常の世

❶身もいと憂く、御心も恨めし。（平中物語）
我が身もたいそうつらく、あなたのお心も恨めしい。
❶いかなることをいつ聞かんと、悲しく心憂く、泣く泣く寝たる夢に、（建礼門院右京大夫集）
どんな（悲しい）知らせをいつ聞くだろうと、悲しくつらく、泣きながら寝た夢に、

○四七 かきくらす 動サ四

❶空が曇る・暗くなる
❷心が曇る・暗くなる・悲しみにくれる

❷えたへ給はず、かきくらされ給ふ。（五葉）
耐えることがおできにならず、悲しみにくれなさる。

○四八 こうず 動ザ変

❶悩み苦しむ
❷疲れる
「困」＋サ変動詞「す」で「困ず《こう》」である。❷の意味に注意。

❷日ごろの行ひに困じてうちまどろみたるほどに、（和泉式部日記）
このところの仏道修行に疲れてうとうとしていたところ、

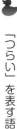

〇四九 いとほし 形 ＊

❶気の毒だ
❷いとしい

❶これもかれもいとほしきわざなり。（大和物語）
この人もあの人も気の毒なことだ。

〇五〇 こころぐるし 形 ＊

❶つらい
❷気の毒だ
❸気掛かりだ・心配だ

「心苦し」で、いずれの意味も「自分の心が苦しい」のだが、何をどのように苦しく思うかによって❶・❷・❸の意味に分かれる。

❷いみじう思ひ惑へるさまの心苦しければ、（うつせ貝）
ひどく思い迷っている様子が気の毒なので、
❸いと心苦しく幼からむ御むすめ（源氏物語）
たいそう気掛かりで幼いような娘

〇五一 ふびんなり 形動

❶気の毒だ
❷いとしい
❸不都合だ

現代語の「不便《ふべん》」と「不憫《ふびん》」の両方の意味を表す。

❶命を失はん事もふびんなれば、（沙石集）
命を失うようなことも気の毒なので、
❸あな、らうがはしや。いと不便なり。（源氏物語）
ああ、乱雑だな。たいそう不都合だ。

「不安・気掛かり」を表す語

〇五二 おぼつかなし 形 ＊
❶はっきりしない
❷不安だ・気掛かりだ
❸待ち遠しい
現代語の「おぼつかない」に近い❶が元の意味。

❷かの行方も**おぼつかなく**て、わざと立ち寄りて訪《と》ひ侍りしかば、（都のつと）
あの人がどうしているかも**気掛かりで**、わざわざ立ち寄って訪ねましたところ、

〇五三 こころもとなし 形 ＊
❶不安だ・気掛かりだ
❷じれったい・待ち遠しい
❸はっきりしない
対義語 こころやすし 形 安心だ

❶心ひとつに思ふも**心もとなく**て、（兵部卿物語）
自分一人で思い悩むのも**不安で**、
❷いつしかと**心もとなく**思ふ程に、（栄花物語）
早くと**待ち遠しく**思う間に、

〇五四 うしろめたし 形 ＊
❶不安だ・気掛かりだ
❷信頼できない
対義語 うしろやすし 形 安心だ・信頼できる

❶今の間いかに。**うしろめたう**こそ。（落窪物語）
私が留守の間どのようにしていますか。**気掛かりだ。**
❷→103ページ例文

〇五五　つつまし　形

気がひける・気後れする
包み隠したくなるような感じを表す。
関連語　つつむ　動マ四
①包む　②（慎む）はばかる・気後れする

まゐりこまほしけれど、**つつましう**てなん。（蜻蛉日記）
おうかがいしたいけれど、**気がひけて**。

〇五六　はばかる　動ラ四

遠慮する
関連語　はばかり　名　遠慮

浄海があたりをば**はばかり**給ふべきに、（平家物語）
この清盛の周辺には**遠慮**なさるべきなのに、

〇五七　かたじけなし　形

❶**もったいない・恐れ多い**
❷**ありがたい**
身に余るようなことで**もったいない**、ということから❷の意味でも使われる。

❶恐ろしうも、**かたじけなく**も、嬉しくも、あはれにも、かたがたうつろふ心地して、（源氏物語）
恐ろしくも、**恐れ多く**も、嬉しくも、心にしみるようにも、さまざまに移り変わる気持ちがして、

〇五八 かたはらいたし 形 ＊

❶きまりが悪い・恥ずかしい・気がひける
❷みっともない・苦々しい
❸気の毒だ
「傍《かたは》ら痛し」の意。「(自分が恥ずかしくて)誰かの傍らにいたたまれない」のが❶、「(他人のふるまいを)傍らで見ているのが苦痛」なのが❷、「傍らから見ていて痛々しく思う」のが❸。

❶直衣などの色をいとつつましう**かたはらいたく**思せど、(栄花物語)
(喪服で結婚式を迎えた小一条院は)直衣などの色をたいそう気がひけて**きまりが悪く**お思いになるが、
❷などかく言ふらんと**かたはらいたし**。(枕草子)
どうしてこのように言うのだろうと**苦々しい**。

〇五九 はしたなし 形 ＊

❶中途半端だ
❷きまりが悪い・間が悪い・気がひける
❸みっともない
❹そっけなく無愛想だ
「端《はした》」は中途半端なことで、「はしたなし」はこれを形容詞にしたもの。「中途半端な思いをする」のが❷、「中途半端なことをして…」と思うのが❸、「相手に中途半端な思いをさせる」のが❹。

⬇関連語 はしたなむ 動マ下二
①恥をかかせる ②たしなめる

❷古めかしうおくまりたる身なれば、かかるところにゐ慣らはぬを、いと**はしたなき**心地するに、(和泉式部日記)
古風で奥に引っ込んでいる身なので、このようなところにいるのは慣れていなくて、たいそう**きまりが悪い**気持ちがするので、
❸いづかたにつけても、人わろく**はしたなかり**ける身物語かな。(源氏物語)
どちらにしても、体裁が良くなくて**みっともない**身の上話だなあ。

〇六〇 とし 形

早い・速い
時間的に**早い**・速度が**速い**の両方の意味に用いられる。

いと**疾《と》う**内裏《うち》へ参り給ひぬ。（恋路ゆかしき大将）
たいそう**早く**宮中へ参内なさった。

〇六一 いつしか 副

❶早く（〜たい・〜ほしい）
❷いつのまにか・早くも
❶は願望・意志の助詞・助動詞と呼応する。

❶**いつしか**みさきといふ所わたら**む**。（土佐日記）
早くみさきという所を通り過ぎ**たい**。

〇六二 やがて 副 ＊

❶そのまま
❷すぐに
❶は状態、❷は時間が、**隙間なく連続しているさま**を表す。❷は現代語の「やがて」よりも近い未来を表していることに注意。

❶薬も食はず、**やがて**起きもあがらで、病み臥せり。（竹取物語）
薬も服用せず、**そのまま**起き上がりもしないで、病臥した。
❷東宮御元服ありて、**やがて**内侍のかみ参り給ふ。（栄花物語）
東宮が元服なさって、**すぐに**尚侍《ないしのかみ》が入内なさる。

〇六三　すなはち　副・接

❶すぐに・ただちに・途端に
❷つまり
❸そこで
漢文訓読の「即・則・乃」にあたる。
類義語　ふと　副　さっと・突然

❶出でさせ給ひてすなはち入りまうで来て、ふと出でまかりにし。（落窪物語）
お出かけになった途端に（網代車が）入って参りまして、さっと出て行きました。

〇六四　ゆくりなし　形

❶思いがけない・突然だ
❷軽はずみだ
唐突なさまを表す。
関連語　ゆくりかなり　形動　突然なさま・軽はずみなさま

❶ゆくりなく風吹きて、漕げども漕げども、後《しり》へ退《しぞ》きに退きて、（土佐日記）
突然風が吹いて、（船を）漕いでも漕いでも、後ろへさがるばかりで、

〇六五　とみなり　形動

急だ・急ぎだ・すぐだ
「頓《とん》なり」が転じた語。急なさまを表す。「頓」をこの意味で使っている熟語に「頓知《とんち》」「頓死《とんし》（＝急死）」などがある。

内侍起こせど、とみにも起きず。（紫式部日記）
内侍を起こすが、すぐには起きない。

〇六六 いと 副 ＊
たいそう・非常に
類義語 甚《いた》し 形 ①はなはだしい ②すぐれている
雨いといたう降るほどに、
雨がたいそうはなはだしく降るときに、（蜻蛉日記）

〇六七 いとど 副 ＊
❶ますます・いっそう・いよいよ
❷そのうえ・さらに
「いと」を強調した「いといと」が変化した語。「いと」よりさらに程度が増すさまを表す。
派生語 いとどし 形
ますます激しい・いっそうはなはだしい
❶いとど限りなく思ほしまさりて、いとあはれとおぼす。
ますます限りなくご愛情が深まって、たいそういとしいとお思いになる。（落窪物語）
❷いとど大弐さへうせにしかば、
そのうえ大弐まで亡くなったので、（浜松中納言物語）

〇六八 やうやう〔やうやく〕 副 ＊
❶しだいに・だんだん
❷やっと
「漸《やうや》く」のウ音便である。
❶かくて翁、やうやう豊かになりゆく。
こうして竹取の翁は、しだいに豊かになっていく。（竹取物語）

〇六九 あまた 副

❶たくさん・数多く・大勢
❷はなはだ
⬇同意語 そこら・ここら 副

❶女御、更衣**あまた**さぶらひ給ひけるなかに、（源氏物語）
女御や更衣が**大勢**お仕えなさっていたなかに、

〇七〇 よろづ 名

❶さまざまなこと
❷すべてのこと
「万」と書き、**数が多いこと**を表す。

❶そこらの僧どもに**よろづ**を掟《おき》てさせ給ふ。（栄花物語）
大勢の僧たちに**さまざまなこと**を指図なさる。

〇七一 ところせし 形 ＊

❶窮屈だ
❷堂々としている・重々しい
❸仰々しい
❹多すぎる
「所《ところ》狭《せ》し」で、**窮屈**で身の置き所がない感じを表す。身分が高すぎて軽々しく出歩けないさまにも用いられる。

❷そこら**所せかり**し御いきほひのしづまりて、（源氏物語）
はなはだ**重々しかっ**た御威勢が衰えて、
❸**所せく**暑げなるまで、ことごとしく装束《さうぞ》きたる女房、（源氏物語）
仰々しく暑苦しいくらい、ものものしく盛装した女房が、

〇七二　あながちなり　形動　＊

❶強引だ・一方的だ
❷むやみだ
「強ち《あなが》」で、強引に意を押し通すさまを表す。後に打消語を伴う現代語の副詞「あながち」（例「あながちそうとも言えない」）との違いに注意。

❶あながちに恨み仰せられ候ふもわりなくて、そぞろなることを書き付け候ひぬるぞ。（夜の鶴）
（歌書執筆の依頼を辞退したところ）一方的に恨み言をおっしゃいますのもつらくて、とりとめがないことを書き付けたのです。

〇七三　すずろなり〔そぞろなり〕　形動　＊

❶かかわりがない
❷漫然としている・とりとめがない
❸思いがけない・不本意だ
❹（「すずろに」の形で）むやみに
「漫然」の「漫」の字を用いて「漫ろ《すず》」と書く。意志にかかわりなく漫然としたさま、または意に反して思いがけないさまを表す。

❶すずろなる人の手より物を多く得てけり。（古本説話集）
かかわりがない人の手から物をたくさんもらった。
❸物心ぼそく、すずろなるめを見ることと思ふに、（伊勢物語）
心細く、思いがけない目にあうことだと思うと、

〇七四 さらなり 形動 ＊

言うまでもない

「言へばさらなり」を略した形である。「いまさら、**言うまでもない**」という意味だと覚えておけばよい。

⬇関連語 〇三一 おろかなり

夏は夜。月の頃は**さらなり**、闇もなほ、蛍の多く飛びちがひたる。（枕草子）
夏は夜が良い。月の頃は**言うまでもない**が、闇もやはり、蛍が多く飛び交っているところは良いものだ。

〇七五 ことわり 名

❶**道理・理屈**
❷**理由**

「事」を「割」って明らかになる**道理**の意。漢字では「理《ことわり》」と書く。漢文で出てくる「理」は「道理」の意。

⬇関連語
ことわりなり 形動 **当然だ・もっともだ**
ことわる 動ラ四 **道理に照らして判断・説明する**
※現代語の「断る」との意味の違いに注意。

❶沙羅双樹の花の色、盛者必衰の**理**《ことわり》をあらはす。（平家物語）
沙羅双樹の花の色は、勢い盛んな者もいずれは必ず衰えるという**道理**を表している。

ねたしと思ひたるも**ことわりなり**。（枕草子）
いまいましいと思っているのも**もっともだ**。

いかで、人にも**ことわら**せん。（源氏物語）
どうにかして、人にも**道理に照らして判断**させたい。

〇七六 わりなし 形 ＊

❶道理に合わない・理不尽だ
❷耐えがたい・つらい
❸やむを得ない

「ことわりなし」で、**道理に合わない**状態を表す。道理に合わないほど耐えがたいのが❷、道理に合わないが仕方がないのが❸。

❷なほ**わりなく**恋しうのみおぼえければ、（伊勢物語）
やはり**耐えがたく**恋しいとばかり思われたので、
❸いみじう酔ひて**わりなく**夜ふけて泊まりたりとも、（枕草子）
たいそう酔って**やむを得ず**夜がふけて泊まったとしても、

〇七七 せんなし 形

どうしようもない・方法がない・無意味である

「詮《せん》なし」で、「詮」は**手段・方法・効果**などの意。

衆徒に逢ふて討死**詮なし**。（義経記）
僧兵に遭遇して討ち死にするのは**無意味である**。

〇七八 すべなし 形　〇七九 ずちなし 形

どうしようもない・方法がない

「すべなし」も「ずちなし」も「術なし」と書く。「術」は**手段・方法**の意。

⬇同意語　せむかたなし 形

この一両日食物たえて、**ずちなく**ひだるく候まに、（古今著聞集）
この一両日食べ物がなくて、**どうしようもなく**空腹でございましたので、

○八○ かひなし 形 *

❶効果がない・無駄だ・仕方ない
❷価値がない・取るにたりない
「甲斐《かひ》」は効果・価値の意。

❶仏神にさへいのり申せども、**かひなし**。（古今著聞集）
仏や神にまで祈り申し上げるけれども、**効果がない**。

○八一 いふかひなし 形 *

❶言っても効果がない・無駄だ・仕方ない
❷言う価値がない・言うにたりない・つまらない
❸ふがいない・幼い
「いふかひなくなる」は「死ぬ」の婉曲表現。「いふかひなきほど」は「まだ幼い」ということ。「いふかひなき際《きは》」は身分が低いことを意味する。

❶いまは限りの御さまなれば、**言ふかひなく**て、（松浦宮物語）
すでにご臨終のご様子なので、**仕方なく**て、
❷**言ふかひなく**はあらぬ御いらへとおぼす。（源氏物語）
言うにたりないこともないご返答だとお思いになる。

○八二 いかに（かは）せむ 連語 ○八三 いかが（は）せむ 連語

どうしようか（、いや、どうしようもない）
いずれも反語表現である。「せむ」は省略されることもある。
⬇同意語 何にか（は）せむ 連語

「一つな落としそ」といへば、**いかがはせむ**。（枕草子）
（自慢話を書くのは気がひけるが）「一つも書き漏らすな」と言うので、**どうしようもない**。

〇八四 まめなり 形動　〇八五 まめまめし 形　〇八六 まめやかなり 形動

❶**まじめだ・誠実だ**
❷**実用的だ**
❸（「まめやかなり」のみ）**本当だ**
❶は現代語の「筆まめ」「こまめ」「まめな人」などと近くてわかりやすいが、❷の意味に注意しよう。

❶いと**まめまめしく**きこえ給へば、（源氏物語）
たいそう**まじめに**申し上げなさるので、
❷をかしき物は日毎に怠らず君達に、**まめなる**物は北の方にと、（落窪物語）
風流な物は毎日欠かさず姫君たちに、**実用的な**物は北の方にと、
❸これ**まめやかに**深く惑へるなるべし。（和歌庭訓）
これは**本当に**深く惑っているに違いない。

〇八七 あだなり 形動 ＊

❶**誠意がない・移り気で浮気性だ**
❷**はかない・むなしい**
❸**いいかげんだ**
「徒《あだ》」と書く。**浮ついていて持続しない**感じを表す。
関連語
あだごと・あだ人 名 **はかないこと・浮気者**
あだあだし 形 **誠意がなく移り気だ**

❶・❷**あだなり**と名にこそ立てれ桜花年にまれなる人も待ちけり（古今和歌集）
はかなく誠意がないという評判こそ立っている花だが、桜は年に一度しか来ない人も待って咲いているのだ。
❸あなかしこ、**あだに**な。（源氏物語）
決して、**いいかげんに**はするな。

〇八八 うるはし 形 *

❶荘厳で立派だ・壮麗で美しい
❷きちんとしている・端正で美しい・整っている・厳格だ
❸（人の仲が）誠実で親密だ
━きちんと整った美しさを表す。

❷人は屏風のやうなるべきなり。屏風は**うるはしう**ひきのべつれば倒《たふ》るるなり。ひだを取りてたつれば倒るる事なし。人のあまりに**うるはしく**なりぬればえ保たず。屏風のやうに、ひだある様なれど、実が**うるはしき**が保つなり。（古今著聞集）
人は屏風のようであるべきだ。屏風は**きちんと**引き伸ばしてしまうと倒れるのだ。折り目を取って立てると倒れることはない。人があまりに**厳格に**なったら生きていけない。屏風のように、一見折り目があるようだけれど、芯が**きちんとしている**のが良いのだ。

〇八九 しどけなし 形

❶だらしない・無造作だ
❷くつろいでいる

❶**しどけなき**姿にて、冠などうちゆがめて走らむ後手《うしろで》思ふに、（源氏物語）
（正体を知られる前に逃げ出そうかと思ったが）**だらしない**姿で、冠などゆがめて走る後ろ姿を想像すると、

〇九〇 はかばかし 形 ＊

❶てきぱきしている
❷しっかりしている・きわだっている
物事が「はかどる」さまを表す。「はか」は「成果」の意。現代語では「はかばかしくない」と否定形で用いられることが多い。

❷おとなびゆくままに、心ばへも**はかばかしう**、（発心集）
成長するにつれて、気立ても**しっかりして**、

〇九一 はかなし 形 ＊

❶頼りない
❷取るにたりない・つまらない
「はか（成果）」がないというのが原義。「はかなくなる」は「死ぬ」の婉曲表現。

❶むかし、**はかなく**て絶えにけるなか、なほや忘れざりけん、（伊勢物語）
昔、**頼りなく**て絶えてしまった仲を、やはり忘れなかったのだろうか、

〇九二 いたづらなり 形動

❶無駄だ
❷むなしい
漢字では、〇八七「あだなり」の「あだ」と同じ字の「徒《いたづら》」を用いる。

❷あはれともいふべき人は思ほえで身の**いたづらに**なりぬべきかな（百人一首　藤原伊尹）
私をかわいそうだと言ってくれる人は思いつかないので、**むなしく**死んでしまいそうだよ。

〇九三 つきづきし 形 ＊

ふさわしい・似つかわしい
「付き付きし」で、ぴったりと合っている感じを表す。
対義語 つきなし 形 ふさわしくない・似つかわしくない・身近でない
似げなし 形 ふさわしくない・似つかわしくない・釣り合わない

家居の**つきづきしく**あらまほしきこそ、仮の宿りとは思へど、興あるものなれ。（徒然草）
住居で**ふさわしく**理想的なものは、（現世の家は）仮の家とは思うけれど、趣深いものである。
似げなき親をもまうけたりけるかな。（源氏物語）
（父親の後妻が年若く身分も高いとは）**釣り合わない**継母を得たものだな。

〇九四 びんなし 形　〇九五 びんあし 形

❶不都合だ・都合が悪い
❷（「びんなし」のみ）かわいそうだ
「便無《びん》し」「便悪し」で、「便」は「都合」の意。「びんなし」は〇五一「ふびんなり」とほぼ同義。
関連語 びんよし 形 都合が良い・便利だ

❶よその君達は、**便なき**ことをも奏してけるかなと思ふ。（大鏡）
ほかの貴族たちは、**不都合な**ことを奏上したものだなと思う。

〇九六 つれなし 形 ＊

❶冷淡だ・無関心だ
❷さりげない・平然としている

無反応な様子を表している。相手が反応してくれないのが❶、内心を表さず無反応なようにふるまうのが❷。

❶昔、男、**つれなかり**ける人のもとに、（伊勢物語）
昔、男が、**冷淡だ**った女のもとに（歌を贈った）、
❷たへがたうおぼすを、**つれなく**しのびてまかで給へり。（五葉）
耐えがたくお思いになるので、（本心を）**さりげなく**隠して退出なさった。

〇九七 こちたし 形

❶おびただしい
❷わずらわしい
❸仰々しい

「こと痛し」が縮まった形で、**人の言うことが多くてわずらわしい感じ**を表す。❶はわずらわしく感じられるほど多いさまを表す。

❶さばかり多く**こちたく**ながき御髪をゆひて、（夜の寝覚）
たいへん多く**おびただしく**長い髪を結んで、
❷人言《ひとごと》を繁《しげ》み**言痛**《こちた》み（万葉集）
人の噂が多く**わずらわしい**ので

〇九八 ことごとし 形

おおげさだ・ものものしい

「事事し」である。**物事がきわだって感じられるさま**を表す。現代語に訳すときは「事事しい」→「物物しい」と置き換えて「ものものしい」とすればよい。

古めかしきやうにて、いたく**ことごとしからず**、つひえもなくて、物がらのよきがよきなり。（徒然草）

古風なようで、ひどく**ものものしく**はなく、費用もかからなくて、品質の良い物が良いのだ。

〇九九 おどろおどろし 形

❶おおげさだ・仰々しい
❷不気味だ
❸騒々しい

「驚ろ驚ろしい」で、**驚かされるような様子**を表す。現代語でも❷の意味で使われている。

❶「世のそしりもや」と、はぶき給へれば、なに事も**おどろおどろしう**いかめしき事はなし。（源氏物語）

「世間に非難されたら困るから」と、簡略になさったので、何事も**おおげさで**盛大なことはない。

❷四月のつごもりごろに、雨**おどろおどろしく**降りて、物おそろしげなるに、（宇治拾遺物語）

旧暦四月の末頃に、雨が**不気味に**降って、何となく恐ろしい感じがするので、

一〇〇 くまなし 形

❶**影・曇り・隠れた場所がなく明るい**
❷**欠けたところがない**
「隈《くま》」は暗い所・隠れた所で、現代語の「目の下のクマ」もこれにあたる。「隈無し」で**暗い所がなく明るくて明らかな様子**を表す。現代語でも「くまなく探す」と言うが、探し残した場所がないという意味である。

❶花はさかりに、月は**くまなき**をのみ見るものかは。（徒然草）
花は満開のときに、月は**影がなく明るい**ときだけを見るものであろうか、いや、そうではない。
❷俊頼は思ひ至らぬ**くまなく**、一方ならずよめるが、力及ばぬなり。（無名抄）
俊頼は思い至らないような**欠けたところがなく**、並々でなく歌を詠んだから、（他の歌人が俊頼に）力が及ばないのだ。

一〇一 しるし 形 *

❶**はっきりしている・きわだっている**
❷（「〜もしるく」の形で）**予想通りだ**
「著《しる》し」と書き、**顕著なさま**を表す。
関連語 **しるし**（印・標）名 **印・目印・証拠**
しるし（徴・験）名 **徴候・神仏の御利益・薬などの効き目**

❶宰相中将こそ参り給ふなれ。例の御にほひ、いと**しるく**。（堤中納言物語）
宰相中将が参上なさったようです。いつものお香のいい匂いが、たいそう**はっきりと**（香っていますから）。
❷思ひしも**しるく**、ただ一人起き臥す。（蜻蛉日記）
思った**通り**、（夫の訪れが絶え）一人だけで起きて寝る。

一〇二 みそかなり 形動

こっそり・ひそかに
「密《みそ》かなり」で、現代語の「密《ひそ》か」とほぼ同じ。

昔、男、**みそかに**通ふ女ありけり。（伊勢物語）
昔、ある男に、**ひそかに**通う女がいた。

一〇三 やつす 動サ四 ＊

❶目立たないようにする・目立たない姿に変える
❷みすぼらしくする
❸剃髪する・出家する
世に目立たないようにするということから、❸の「出家する」という意味になる。

⬇関連語 やつる 動ラ下二
目立たない姿でいる・みすぼらしくなる

❶馬四つ五つひかせて、いみじう忍び**やつし**たれど、清げなるをとこどもなどあり。（源氏物語）
馬を四、五頭ひかせて、たいそう人目を避け**目立たないようにし**ているが、小綺麗なお供の男たちなどがいる。
❸目の前にわが心と**やつし**捨て給はん御有様を見ては、さらに片時たふまじくのみ、惜しく悲しかるべければ、（源氏物語）
（最愛の妻が）目の前で自分の意志で**出家し**てしまわれるお姿を見たら、まったく片時も耐えられそうにないくらい、惜しく悲しいに違いないので、

一〇四 あからさまなり 形動 ＊

ちょっとの間・かりそめに
現代語の「あからさまに」との違いに注意。「あからさまにも（～打消語）」だと強い否定になり、「少しも～ない」という意味になる。
関連語 あからめ 名 **よそ見・わき見**

御夢さわがしとて、その御祈りせさせ給はむとて、**あからさまに**東三条殿に出でさせ給ひ、（俊頼髄脳）
ご覧になった夢が不吉だということで、ご祈禱させなさろうとして、**ちょっとの間**東三条殿に退出なさり、
あから目もせず、つと添ひつつ嘆くよりほかのことなし。（うなゐ松）
よそ見もしないで、（重病の娘に）ずっと付き添いながら嘆く以外のことはできない。

一〇五 ありがたし 形 ＊

❶めったにない
❷すばらしい
「有《あ》り難《がた》し」で「有るのが難しい」、すなわち**めったにない**という意味になる。❷はめったにないくらいすばらしいということ。
関連語 かたし 形 **難しい**

❶**ありがたき**もの。舅にほめらるる婿。姑に思はるる嫁の君。（枕草子）
めったにないもの。舅にほめられる婿。姑に大事に思われるお嫁さん。
❷**ありがたき**策かな。（平家物語）
すばらしい策略だなあ。

一〇六　あきらむ　動マ下二

明らかにする
「明《あき》らむ」である。現代語の「諦める」との違いに注意。
関連語　あきらけし　形　**明らかである**

何事なりとも**明らめ**申さむ。（徒然草）
何事であっても**明らかにし**申し上げよう。

一〇七　ののしる　動ラ四　＊

❶**大声を出す・大騒ぎする**
❷**（世間で）騒ぎ立てる・評判になる**
現代語の「ののしる」との違いに注意。古語では悪い意味に限定せず、**騒ぎ立てるさま**を広く表す。

❶帝、**ののしり**あはれがりたまうて、（大和物語）
天皇は、（遊女の歌を聞き）**大声で**おほめになって、
❷御即位廿三日あるべしと**ののしる**。（うつほ物語）
ご即位の儀式が二十三日にあるはずだと**評判になる**。

一〇八　あそぶ　動バ四・あそび　名　＊

あそぶ　**詩歌・管絃を楽しむ**
あそび　❶**管絃**　❷**狩・行楽などの楽しみ**
現代語と同じように「子供が遊ぶ」というような意味もあるが、受験では、特に「あそび」＝「**管絃**の遊び」を覚えておこう。

❶楽人・舞人など参りつつ、御**あそび**絶えず。（源氏物語）
演奏者・舞人などが参上しては、**管絃**の遊びが絶えない。

一〇九 たのむ 動マ四・動マ下二 ＊

（四段活用） 頼りにする
（下二段活用） 頼みに思わせる・あてにさせる

活用による意味の違いに注意。四段活用は「たのま・たのみ・たのむ・たのむ・たのめ・たのめ」。下二段活用は「たのめ・たのめ・たのむ・たのむる・たのむれ・たのめよ」。「**たのみて**」だと「**頼りにして**」、「**たのめて**」だと「**頼みに思わせて**」となる。形が同じときは文脈で判断する。

ただ親とも君とも宮をこそ**頼み**申しつるに、（栄花物語）
ただ親のようにも主君のようにも、中宮を**頼りにし**申し上げていたのに、

我を**頼め**て来ぬ男、角三つ生ひたる鬼になれ、（梁塵秘抄）
（会いに来てくれると）私を**頼みに思わせ**ておいて来ない男は、角が三つ生えた鬼になってしまえ、

一一〇 かづく （自動詞） 動カ四 ／ （他動詞） 動カ下二

被く《かづ》 ❶かぶる／かぶせる
❷衣をほうびにいただき肩にかける／ほうびとして与える
潜く《かづ》 水中に潜る／潜らせる

ほうびとして衣を与え、それを左肩にかける習慣があった。「潜く」は「水をかぶる」の意で、海女が水中に潜る意で使われることが多い。

❷女の装束**かづけ**んとす。（伊勢物語）
女の装束を**ほうびとして与え**ようとする。

かづきするあまのすみかをそことだにゆめいふなとやめを食はせけん（枕草子）
水中に潜る海女（＝自分）のすみかをそこと絶対に言うなと海藻を送って目配せしたのだろうよ。

二一 言 名　二二 事 名

言　❶ことば　❷和歌
事　こと・ことがら
「言・事」は語源が同じなので、紛らわしい場合があるが、特に「言」の方に注意。

もろこしとこの国とは、こと異なるものなれど、月の影は同じことなるべければ、（土佐日記）
中国とこの国（＝日本）とは、ことばが違っているが、月の光は同じことであるはずなので、

二三 異〔殊〕なり 形動　二四 殊に 副

異〔殊〕なり　❶違っている
❷格別だ・すぐれている
❸（「こと＋名詞」で）別の
殊に　特に・とりわけ
「ことなり」は、評価を含む❷に注意。「こと人（＝別の人）」などの❸の用法もある。また、「ことに」は、形容動詞「ことなり」の連用形「ことに」が副詞として一語化したもの。

❷かくことなることなき人を率ておはして、（源氏物語）
このように特別すぐれたことのない人を連れていらっしゃって、
その院の桜、ことにおもしろし。（伊勢物語）
その院の桜は、特に美しい。

一一五 けしき 名 ＊

❶様子 ❷機嫌・意向
古語では、人・物事・自然などの**見た目の様子**を広く表す。「気《け》色《しき》」と書き、現代語のような自然の「景色」に限定しない。❷は見た目の様子に表れる内面の意。

❶せちに物思へる**けしき**なり。（竹取物語）
深く物思いに沈んでいる**様子**である。
❷→13ページ例文

一一六 たより 名 ＊

❶機会・ついで ❷つて・縁故 ❸手段・方法
「頼りとするもの」が原義。古語では「便り・手紙」の意味はまれ。

❶おのづから事の**たより**ありて、（方丈記）
たまたま用事の**ついで**があって、
❷→59ページ例文

一一七 こころざし 名

❶愛情・誠意 ❷意向・目標 ❸贈りもの
本来「心指し」で、**対象に心を向かわせること**を表す。現代語の「志《こころざし》」のような「目標」に限定しない。

❶**こころざし**のまさらむにこそあはめ。（大和物語）
愛情がまさっているような男性と結婚しよう。

一一八 ざえ 名 ＊

❶（特に漢学の）学才・学識
❷才芸・技能
❸特技
「才《ざえ》」と書く。特に**漢学**の知識を指すことが多い。その他、学ぶべき学問・習得すべき技芸全般を意味する。

❶この御ぞうは女もみな**ざえ**のおはしたるなり。（大鏡）
このご一族は女もみな**漢学の学識**がおありになったのだ。
❷他事《こと》よりは、遊びの方の**才**は、（源氏物語）
ほかのことよりは、管絃の方の**技能**は、

一一九 影 名 ＊ 一二〇 陰 名

影 ❶光
❷人や物の姿・かたち
❸鏡や水面に映る姿・かたち
❹影
陰 ❶物陰・隠れた場所
❷おかげ
「月影《つきかげ》」は「月の**光**」のこと。勘違いしやすいので注意しよう。

「影」は光り輝くもの、光によって現れる姿を指す。「陰」は逆に光のあたらない場所のこと。

❶ほのかなる火影《ほかげ》に、（とりかへばや物語）
ほのかな灯火の**光**に、
❸かはづ鳴く神奈備川に**影**見えて今か咲くらむ山吹の花（万葉集）
蛙が鳴く神奈備川の水面に**姿**を映して、今咲いているのだろうか、山吹の花が。
❶道のべに清水ながるる柳**かげ**しばしとてこそ立ちどまりつれ（新古今和歌集）
道のほとりに清水が流れている柳の**陰**に、少しだけのつもりで立ち止まったのだが（、つい長居してしまった）。

一二一 さらに（〜打消） 副 ＊

まったく（少しも・決して）〜ない
打消語（ず・じ・まじ・で・なしナド）と呼応して**全否定**を表す。
同意語 つゆ・たえて・よに・おほかた（〜打消） 副
ただし、肯定文では、「さらに」は「その上」、「よに」は「非常に」、「おほかた」は「だいたい・一般に」の意味もある。

御門さして**さらに**開け**ざり**しかば、（落窪物語）
ご門にかぎをかけて、まったく開けてくれ**なかっ**たので、
わが心は**つゆ**変はる**まじく**、（源氏物語）
私の心は**まったく**変わる**はずはなく**、

一二二 をさをさ（〜打消） 副 ＊

ほとんど（めったに）〜ない
これも打消語と呼応するが、**部分否定**を表すので、一二一「さらに」と区別して覚えておくこと。

年古りたる木などは**をさをさ**見え**ず**。（菅笠日記）
年数の経った木などは**ほとんど**見え**ない**。

一二三 よも〜じ 副＋助動 ＊

まさか（決して）〜ないだろう
打消推量の助動詞「じ」と呼応する。

猛き心使ふ人も、**よも**あら**じ**。（竹取物語）
勇猛な心をふるう人も、**まさか**い**ないだろう**。

一二四　え（～打消）　副　*

～できない
不可能を表す。「えもいは（れ）ず」は「何とも言えない・普通ではない・はなはだしい」の意。現代でも関西では「～できない」ということを「よう～ん」と言う。「そんなことよう言わんわ（＝そんなこと言えないよ）」など。この「よう」が古語の「え」にあたる。

心胆をまどはしてもとむるに、さらに**え**見いで**ず**。（大和物語）
気が動転して探したが、まったく見つけることが**できない**。

一二五　な～そ　副＋終助　*

～してはいけない・～するな
禁止を表す。「な」と「そ」の間には動詞の連用形が入る。ただしカ変・サ変は未然形になる（「なこそ（＝来るな）」「なせそ（＝するな）」）。時代が下ると、「な」がなく「～そ」だけで禁止を表すこともある。

御心《おん》変はると**な**思《おぼ》しめし**そ**と、涙を流し申しけり。（謡曲・船弁慶）
（弁慶は静御前に、義経が）心変わりなさったとお思いになる**な**と、涙を流し申し上げた。

⬇類義語　ゆめ・ゆめゆめ・あなかしこ～な　副
けっして～してはいけない

一二六 いかで 副 ＊

❶どうして〜か
❷どうして〜か（いや、〜ない）
❸どうにかして
❶は疑問、❷は反語、❸は願望を表す。推量や疑問の助詞・助動詞があれば❶・❷、意志や願望の助動詞と呼応すると❸の意味になることが多い。

類義語 など・などか・などて・なじかは 副
どうして〜か

関連語 いかが・いかに 副
どのように・どんなに・どうして〜か

❷鶯の声なかりせば雪消えぬ山里**いかで**春を知らまし（和漢朗詠集）
鶯の鳴き声がなかったら、雪が消えない山里は**どうして**春の訪れを知るだろう**か**、いや知ることはできない。
❸世の中に物語といふもののあんなるを、**いかで**見ばやと思ひつつ、（更級日記）
世の中に物語というものがあるということだが、それを**どうにかして**見たいと思いながら、

一二七 な（ん）でふ 連体・副

❶何という
❷どれほどの
❸どうして
「なにといふ」がつまった形。**疑問**や**反語**を表す。

❷**なでふ**ことかあらん。（枕草子）
どれほどのことがあろうか、大したことはない。
❸**なでふ**尼にかなり給ふべき。（落窪物語）
どうして尼になりなさるべきか、いや、なるべきでない。

一二八 なかなか 副 *

かえって
「中中」で、中途半端で良くない状態のこと。「中途半端なよりはかえって良い」または「中途半端でかえって良くない」という意味である。
関連語 なかなかなり 形動
中途半端だ・かえってしない方がましだ

朝夕の宮仕へにつけてたへがたき心も、なかなかひとかたに思ひ絶ゆばかり漕ぎ離れむも、ひとつには嬉しけれど、（松浦宮物語）
（愛する女性が入内したために）朝夕の宮仕えにつけて耐えがたい気持ちをも、かえってすっぱりと思い切れるほどに（遣唐使として）遠くへ出航するのも、一方では嬉しいけれど、

一二九 さすが（に） 副 *

そうはいうもののやはり
関連語 さすがなり 形動 そうはいうもののやはり～だ

猛きもののふどもも、さすが岩木ならねば、みな涙を流しけり。（平家物語）
勇猛な武士たちも、そうはいうもののやはり岩や木のように感情がないわけではないので、みな涙を流した。

一三〇 **わざと** 副

❶わざわざ・特別に
❷故意に
❸本格的に・正式に
現代語だと❷の意味だが、古語ではマイナスの意味に限らず、**ことさらに心を砕いて**何かを行うさまを表す。

❶**わざと**めでたき草子ども、硯の箱の蓋に入れておこせたり。（更級日記）
わざわざ立派な物語の本を、硯の箱の蓋に入れて送ってきた。

一三一 **かたみに** 副 ＊

たがいに
「互に」と書く。
⬇同音異義語 **形見** 名
（生死にかかわらず）**目の前にいない人や昔のことを思い出させてくれるもの**

日比《ひごろ》の事ども**かたみに**聞こえたまひて、泣きみ笑ひみし給ふ。（とりかへばや物語）
この数日間のことを**たがいに**申し上げなさって、泣いたり笑ったりなさる。

一三二 **やをら〔やはら〕** 副 ＊

そっと
目立たないように静かにゆっくり行動するさまを表す。

心の鬼にはしたなくて、**やをら**隠れて、（源氏物語）
やましい心があるので気がひけて、**そっと**隠れて、

一三三 **なほ** 副 ＊
❶**やはり・依然として・そのままの状態で**
❷**さらに**
引き続き同じ状態でいるさまを表す。
❶今宵も**なほ**入らずなりぬ。（宇治拾遺物語）
今晩も（昨晩に引き続いて）**やはり**（その家に）入らないままになった。
❷→68ページ例文

一三四 **かつ** 副
❶**一方では**
❷**すぐに**
❸**ちょっと**
物事が同時に（❶）、もしくはほとんど同時に（❷）進行するさまを表す。
❶人々感歎して、**かつ**はやすからぬよしをもいひけり。（古今著聞集）
人々は感心してほめたたえ、**一方では**穏当ではないやり方だとも言った。
❷うつせみの世にも似たるか花桜咲くと見しまに**かつ**散りにけり（古今和歌集）
はかないこの世にも何と似ていることか。桜の花は、咲いたと見ていた間に**すぐに**散ってしまった。

一三五 **げに** 副 ＊
ほんとうに・まったく・なるほど・おっしゃる通り
納得・感心するさまを表す。
げに痛はしきおんことかな。（謡曲・百萬）
ほんとうにおいたわしいことだなあ。

一三六　かく〔かう〕 副

このように
⬇類義語　かかり 動ラ変
このようである（「かくあり」がつまった形）

いかにかくは恨むるぞ。（古本説話集）
どうしてこのように恨むのか。
かかること世に聞こえて、（堤中納言物語）
このようなことが世間に評判になって、

一三七　さ 副

そのように
⬇同意語　しか 副
⬇類義語　さり・しかり 動ラ変　そのようである
⬇関連語　さるは 接　そうであるのは・実は・そのうえ
されば 接　そうだから
されど 接　そうではあるが

なにしにさ申しつらんと思へど、（枕草子）
どうしてそのように申し上げたのだろうと思うけれど、
さるは、かの世とともに恋ひ泣く右近なりけり。（源氏物語）
（玉鬘一行の後からやって来た人は）実は、あの生涯かけて（玉鬘の母である亡き夕顔を）恋い慕って泣く右近なのであった。

一三八 **さて** 副
そのような状態で・そのままで・そうして
現代語でも「それはさておき（＝それはそのままにしておいて）」などと言う。接続詞の「さて」は「そして・それから・そこで・さて」の意。
⬇関連語 かくて 副 **こうして・このままで**

御几帳隔てたれど、少し押しやり給へば、また**さて**おはす。（源氏物語）
（花散里は、源氏との間を）几帳で隔てていたが、（源氏が几帳を）少し押しやりなさると、（隠れたりせず）また**そのままで**いらっしゃる。

一三九 **さながら** 副
そのまま・すべて
⬇類義語 しかしながら 副 **そのまま・すべて・結局**
⬇関連語 さのみ 連語 **そうばかり・そうむやみに**

持ちと持ちたらむ財宝を、**さながら**奉るべし。（長谷雄草紙）
持っているあらゆる財宝を、**すべて**差し上げよう。

一四〇 **さるべき** 連体
しかるべき・ふさわしい・そうなるのが当然な
⬇関連語 さるべきにや（ありけむ） 連語
そうなるはずの運命だったのだろうか

さるべきたよりをたづねて、（更級日記）
しかるべきつてを求めて、

一四一 ひねもす 副

一日中・終日
⬇対義語 よもすがら 副 一晩中・終夜

ひねもすに**よもすがら**に営み習ひて参り集まりたるに、（栄花物語）
（僧たちは）**終日終夜**学問にいそしんで参集していたが、

一四二 あした 名 ＊

❶朝
❷翌朝
⬇関連語
ゆふべ 名 夕方・日没ごろ
よひ 名 夜の早い時間・宵の口
あかつき 名 未明・夜明け前
あけぼの 名 明け方

❶二月一日。**あした**のま、雨降る。（土佐日記）
二月一日。**朝**の間、雨が降る。
❷かく言ひ言ひてつひに逢ひにける**あした**に、（大和物語）
このように（求婚の言葉を）言い続けてついに結婚した**翌朝**に、

一四三 つとめて 名 ＊

❶早朝
❷翌朝

❷いたうふり明かしたる**つとめて**、（和泉式部日記）
雨が一晩中ひどく降り続けた**翌朝**、

一四四 ぬ〔いぬ〕 動ナ下二

寝る・眠る
「寝《ぬ》」「寝《い》ぬ」と書く。「寝《い》」は「眠ること」という意味の名詞。
関連語 **いもねられず** 連語 **まったく眠れない**

かかる朝霧を知らでは**ぬる**ものか。（源氏物語）
このような朝霧（の風情）を知らずに**寝て**いていいものか、いいはずはない。

一四五 いぎたなし 形

❶寝坊だ
❷眠り込んでいる
「寝《い》汚《ぎたな》し」で、ぐっすり眠り込んでいるのを嫌悪する気持ちを表す。

❷人々は**いぎたなき**に、ひと所はすずろにすさまじくおぼし続けらるれど、（源氏物語）
女房たちは**眠り込んでいる**が、源氏お一人は（眠らずに）不本意でつまらないと思い続けなさらずにはいられないけれど、

一四六 おどろく 動カ四 ＊

❶目を覚ます
❷ふと気づく
❸驚く
何かの刺激を受けて、はっとするさまを表す。

❶御扇を鳴らしなどせさせたまへど、さらに**おどろき**たまはねば、（大鏡）
（道長は、酔って寝こんでしまった兄道隆を起こそうと）扇を鳴らしなどなさったが、まったく**目を覚まし**なさらないので、

一四七　もてなす　動サ四

❶ふるまう
❷取り扱う・処置する
❸待遇する

現代語との意味の違いに注意。「客人をもてなす」というような意味は中世以降のもの。

関連語　もてなし　名　**ふるまい・処置・待遇**

❶涙もつつみあへず出づれど、つれなく**もてなし**て、（落窪物語）
涙も隠せずに出るけれど、さりげなく**ふるまっ**て、
❷まだいとをさなき程なれど、人のいとやむごとなくて**もてなし**かしづき据ゑ奉り給へれば、（栄花物語）
まだたいそう幼い年頃だけれど、周囲の人々が非常に重々しく**取り扱い**大切にお世話申し上げなさっているので、

一四八　ものす　動サ変　＊

❶ある・いる
❷行く・来る
❸（動作・行為を）する
❹～である

「物す」で、「あり」「をり」「行く」「来」をはじめとして、**さまざまな動作・状態を婉曲に表現する。**王朝物語に多く用いられる。

❷にはかにいと苦しかりしかばなん、え**ものせ**ずなりにし。（蜻蛉日記）
急にたいそう体調が苦しくなったので、（そちらに）行くことができなかったのだ。
❸「もの聞えむといふ人あり」と**ものせよ**。（堤中納言物語）
「ものを申し上げようという人がいる」と**伝えよ**。

一四九 むつまし 形

親しい・慕わしい

対義語 うとし 形 親しくない・関係が薄い

むつましき限りさぶらひ給ひて、（増鏡）
親しい人たちだけが伺候なさって、

一五〇 かたらふ 動八四

❶親しく交際する
❷話し合う・相談する
❸説得して頼み込む・相談して味方につける

「語る」＋反復・継続を表す「ふ」で、「繰り返し語る」「語り続ける」というのが原義。

❶いみじう**かたらひ**、夜昼歌など詠み交はしし人の、（更級日記）
たいそう**親しく交際し**、いつも歌など詠み交わした人が、
❸さて、いみじく**語らひ**て「この姫君を盗ませよ」と責め言ひければ、（古本説話集）
そうして、たいそう（姫君の乳母を）**説得して頼み込ん**で「この姫君を盗ませろ」としきりに迫ったので、

一五一 ならふ 動八四

❶慣れる・馴れ親しむ・なじむ
❷習う・学ぶ

「慣る・馴る」＋「ふ」で、**何度も接してなれ親しむ**ことを表す。

❶かくにぎはしきところに**ならひ**て、（大和物語）
このように富裕なところに**慣れ**て、

一五二 いはけなし 形

幼い・あどけない
⇩同意語 いとけなし 形 きびはなり 形動

いはけなかりし程より、思ふ心高く、（源氏物語）
幼かったときから、向上心が高く、

一五三 おとなし 形 ＊

❶**思慮分別がある・落ち着いている・大人になっている**
❷**おとなびている**
⇩対義語 わかわかし 形 **子供っぽい・大人げない**
「大人し」で、一人前の**思慮分別**があり、**落ち着いている**さまを表す。対義語の「若々し」は、実年齢よりも未熟なさまを表す。
現代語の「おとなしい」「若々しい」との違いに注意。

❶年のほどよりはいと**おとなしく**心にくきさまして、（紫式部日記）
年齢よりはたいそう**落ち着いていて**すぐれている様子で、
わが御心も「**わかわかしう**、けしからず」とおぼし返して、（源氏物語）
ご自分でも「**大人げなく**、不都合だ」と反省なさって、

一五四 かしづく 動カ四 ＊

大切に育てる・大切に世話する
⇩同意語 いつく 動カ四

后に立てむとおぼして、**かしづき**給ひけるほどに、（沙石集）
（娘をゆくゆくは）皇后にしようとお思いになって、**大切に育て**なさっていたところ、

一五五 うしろみ 名

後見人・補佐する人・世話をする人
関連語 うしろみる 動マ上一・うしろむ 動マ上二
後見する・補佐する・世話をする

おなじ帝王と申せども、御**うしろみ**おほく、たのもしくおはします。（大鏡）
（後一条天皇は）同じように天皇と申し上げるなかでも、政務を**補佐なさる方**が多く、たのもしくていらっしゃる。

一五六 まもる〔まぼる〕 動ラ四 ＊

❶目を離さずじっと見つめる
❷守る
❸世話する
―「目守《まも》る」で、「見つめる」「見守る」意を表す。

❶おもてをのみ**まもら**せ給うて、ものものたまはず。（大和物語）
顔ばかりを**じっと見つめ**なさって、ものもおっしゃらない。

一五七 見る 動マ上一

❶見る
❷会う・対面する
❸妻にする・（男性が）結婚する
―❸の意味は男性が女性を見る、ということからきている。

❸なほ、この女**見**では、世にあるまじき心地のしければ、（竹取物語）
やはり、この女と**結婚し**ないと、生きていけない気がしたので、

一五八 世・世の中 名 ＊

❶**世間・俗世間**
❷**一生・生涯**
❸**時代**
❹**男女の仲**
━入試では、❹の意味がよく問われるので覚えておくこと。

❶→58・65・70・103ページ例文
❷→20・58・72ページ例文
❹女は雲間なきながめに、**世の中**を「いかになりぬらん」とつきせずながめて、（和泉式部日記）
女は雲の隙間もないほどの長雨に、**恋人との仲**を「どのようになっているのだろうか」と尽きることなく物思いにふけって、

一五九 よばふ 動ハ四

求婚する
━「呼ぶ」＋反復・継続を表す「ふ」で、「呼び続ける」意。

それを**よばふ**男二人なむありける。（大和物語）
その女に**求婚する**男が二人いた。

一六〇 あふ 動ハ四 ＊

❶**会う**
❷**結婚する**
━「会ふ・逢ふ」で、関連語「敢ふ」とは活用が異なる。
⬇関連語 敢《あ》ふ 動ハ下二 **こらえる・我慢できる**

❷この世の人は、男は女に**あふ**ことをす、女は男に**あふ**ことをす。（竹取物語）
この世の人は、男は女と**結婚する**ことになっていて、女は男と**結婚する**ことになっているのだ。

一六一 見ゆ 動ヤ下二 ＊

❶見える
❷見られる
❸会う・姿を見せる・顔を見せる
❹夫を迎える・（女性が）結婚する
❺〜と思われる・〜と感じられる

「ゆ」は自発・可能・受け身を表す。❹の意味は女性が男性に見られる、ということからきている。

❶橋もただ一つぞ**見ゆる**。（うたたね）
（八橋に来たところ）橋も（八つではなく）ただ一つだけ**見える**。
❷→13ページ例文
❸恋しき者どもを今一度見もし、**見え**ばやとは思へども、（平家物語）
恋しい妻子をもう一度見て、（自分の）**顔も見せ**たいとは思うけれど、
❹「人に**見え**、世づきたらむありさまは、さらに」と、おぼし離れたり。（源氏物語）
「**夫を迎え**、世間並みの結婚生活をするようなことは、まったく（考えていない）」と、あきらめていらっしゃる。
❺→75ページ例文

一六二 すむ 動マ四

❶住む
❷男が女のところに通う・結婚生活を営む

❷大和の国に男女ありけり。年月かぎりなく思ひて**すみ**けるを、（大和物語）
大和の国に男と女がいた。（男は女を）長年のあいだこの上なく愛して**結婚生活を営ん**でいたが、

一六三　つれづれなり　形動　＊

❶退屈だ・手持ち無沙汰だ・所在ない
❷物思いに沈んだ・寂しい
「徒然《つれづれ》なり」と書く。することや話相手がなくて、単調な生活を送っているさまを表す。

❶つれづれなるままに、日暮らし硯に向かひて、（徒然草）
退屈なのに任せて、一日中硯に向かって、
❷これさへなくて、なほいかにつれづれならめ。（しのびね）
この子さえもいなくなっては、（残された私の生活は）さらにどんなにか寂しくなるだろう。

一六四　ながむ　動マ下二　＊

❶物思いしつつぼんやり見る
❷物思いにふける
「眺む」で、見る対象が示されているときは❶、そうでないときは❷になる。
⬇関連語　詠《なが》む　動マ下二　声を長く引いて詩歌を吟じる

❶いたづらに日を経れば、人々海をながめつつぞある。（土佐日記）
無駄に日が経つので、人々は海を物思いしつつぼんやり見ている。
❷いと心細くつれづれまさりてながめ給ひける頃、（源氏物語）
たいそう心細く所在なさもひとしおで物思いにふけっていらっしゃる頃、

一六五 さうざうし 形 ＊

❶物足りない・つまらない
❷寂しい
「索索し」または「寂寂し」で、**物足りなくて寂しいさま**を表す。

❶入道殿の土御門殿にて御遊《おんあそび》あるに、「かやうのことに権中納言のなきこそ、なほ**さうざうしけれ**」とのたまはせて、（大鏡）
藤原道長の土御門邸で管絃の遊びがあった際、「このような催しに権中納言がいないのは、やはり**物足りない**」とおっしゃって、
❷→84ページ例文

一六六 あかず 連語

❶不満だ・物足りない
❷〜し足りない・心残りだ・もっと堪能したい
❸飽きることがない
「飽《あ》く」＋打消の助動詞「ず」の形。「飽く」は「**満足する**」という意味で、そこから「十分に満足しきって**飽きる**」という意味にもなる。「飽かず」＝「満足しない」には、「不満」という**マイナスの評価**（❶）と、「もっと楽しみたい、まだ満足できない」という**プラスの評価**（❷・❸）の二つがあることに注意しよう。

❶人の忍びがたく**飽かぬ**ことにする物思ひ、離れぬ身にてややみなんとすらん。（源氏物語）
世間の人が耐えがたく**不満な**こととする物思いから、離れられないままで私は人生を終えるのだろうか。
❷この花の**あかぬ**に帰ること、詠《よ》まむ。（平中物語）
この花を**まだ見足りないの**に帰ることを、歌に詠もう。

一六七 すくせ 名

前世からの因縁・運命・宿命
― 仏教語で、「宿世」と書く。

若宮いできさせ給へりしを、太子に立てまゐらせ給ふ。いとかしこき御**宿世**なり。（増鏡）
皇子がお生まれになったのを、皇太子に立て申し上げなさる。たいそう恐れ多い**前世からの因縁**である。

一六八 ちぎり 名

❶**約束**
❷**前世からの因縁**
❸**男女の結びつき**

❷昔の**契**《ちぎり》ありけるによりなん、この世界にはまうで来たりける。（竹取物語）
前世からの因縁があったために、（月から）この世界にやって参りました。

一六九 うつろふ 動八四

❶**色が変わる・あせる**
❷**時が移り変わる**
❸**心変わりする**
― 「移る」＋反復・継続の「ふ」で、**移っていく状態**を表す。

❶・❸色見えで**うつろふ**ものは世の中の人の心の花にぞありける（古今和歌集）
色も見えないで**色あせ**、**変わっていく**ものは、世の中の人の心という花であることだ。

一七〇 なやむ 動マ四 ＊

❶病気になる
❷困る・苦しむ

類義語
わづらふ 動ハ四 病気になる・悩む
いたはる 動ラ四 ①病気になる ②大切に扱う・治療する
例ならず 連語 いつもと違う・病気である
ただならず 連語 ①普通でない・並々でない ②妊娠する

対義語
おこたる 動ラ四 ①病気が良くなる ②怠ける

❶去年の冬つかたよりなやみたまふこと、さらにおこたり給はねば、（源氏物語）
去年の冬ごろからご病気になりなさっていることが、まったく良くなりなさらないので、
それより御身いたはりて、川近き野辺に五日ふしなやみ給ひけり。（日光山縁起）
それ以来ご病気になって、川に近い野原に五日間病臥なさった。
梅壺の女御、またただならずなり給ひぬ。（栄花物語）
梅壺の女御が、またご懐妊なさった。

一七一 あつし〔あづし〕 形

病気が重い・病気がちだ
「篤し」と書く。

いとあつしくて、大将をも辞し給ひてき。（大鏡）
たいそう病気がちで、大将の地位も辞職なさった。

一七二　世を捨つ・頭下ろす　連語　＊

出家する・剃髪する
「世を捨つ」は俗世間を捨てることで、出家すること。「頭《かしら》下《お》ろす」は出家の際に剃髪することだが、「出家する」と同じ意味で用いられる。婉曲表現としての同意語が多い。

⬇同意語
やつす（→一〇三）
御髪《みぐし》下ろす・飾りを下ろす
さまを変ふ・かたちを変ふ（→〇一三）
世を背く・世を出づ・世を遁《のが》る・世を離る・世を厭《いと》ふ

⬇関連語
墨染《すみぞめ》　名　僧衣・喪服
尼そぎ　名　肩・背のあたりで切り揃えた髪型。少女・尼の髪型。

御めのとの源大納言親房、我が世つきぬる心ちして、とりあへず**頭下ろし**ぬ。この人のかく**世を捨て**ぬるを、（増鏡）
（皇子が亡くなったので、）お守り役の北畠親房は、自分の人生が終わってしまったような気持ちがして、すぐに**剃髪した**。この人がこのように**出家した**のを、
「姉身を投げば、我もともに身を投げんとこそ契りしか。まして**世をいとは**むに誰かは劣るべき」とて、十九にて**さまを変へ**、（平家物語）
「姉が身を投げれば、私もともに身を投げようと約束した。まして**出家をし**ようとする気持ちで劣ることがあろうか」と言って、十九歳で**出家し**、

一七三 おこなふ 動八四 ＊

❶仏道修行する・仏道のお勤めをする
❷行う
⬇関連語
おこなひ 名 仏道修行・行い
つとむ 動マ下二 努力する・仏道修行にはげむ

❶源典侍といひし人は、尼になりて、この宮の御弟子にてなむ**おこなふ**。（源氏物語）
（昔）源典侍と呼ばれていた人は、（今は）尼になって、この宮のお弟子として**仏道修行をしている**。
例の、慰めの手習を、**行ひ**のひまにはし給ふ。（源氏物語）
いつもの、手慰みの習字を、**仏道修行**の合間にはなさる。

一七四 ほだし 名

束縛となるもの・手かせ足かせ・仏道修行の妨げとなるもの

「ほだす」は「束縛する」意。出家し、仏道修行をするには、この世の人情や欲望を断ち切らないといけないが、家族への愛情はなかなか断ち切れず、この世への束縛となる。したがって、仏道修行の妨げとしての**家族や親しい人々**のことを「絆《ほだし》」と言うようになった。

年ごろ、去りがたき**ほだし**とかかづらひ聞こえて、後の世の勤めも、おのづから懈怠《けだい》し侍りつるを、（とりかへばや物語）
長年の間、（娘であるあなた方を）のがれがたい**束縛**として関わり合い申し上げて、来世のための仏道修行も、自然とおろそかにしがちでしたが、

一七五 うす 動サ下二

❶消え失せる
❷死ぬ・亡くなる
⬇関連語 うしなふ 動ハ四 なくす・死別する・命を奪う
かぎり 名 ①限界・期間・きまり ②臨終

❷京にて生まれたりし女子《をむなご》、国にてにはかにうせにしかば、（土佐日記）
都で生まれた娘が、任地の土佐で急に亡くなったので、
すでに失ひ奉らんとにこそあんなれ。（保元物語）
いよいよ命を奪い申し上げようというのだろう。

一七六 はかなくなる 連語

死ぬ・亡くなる
「死ぬ」の婉曲表現である。直接に言うのがはばかられることなので、婉曲表現が非常に多い。
⬇同意語 むなしくなる・いたづらになる・あさましくなる・いふかひなくなる・消え入る・消え果つ・隠る

御年十九にて、はかなくなりたまひぬ。（曾我物語）
十九歳で、お亡くなりになった。
夜一夜さまざまのことをし尽くさせ給へど、かひもなく明けはつるほどに消えはて給ひぬ。（源氏物語）
一晩中さまざまな手を尽くしなさったけれど、効果もなく夜が明けきった頃に亡くなってしまわれた。

一七七　先立つ　動タ四

❶先に行く
❷先に死ぬ
関連語　つひに行く道　連語　死出の旅路

❷**先立ち**て二人の親に嘆かせ奉らん心憂さ、（うなゐ松）
先に死んで両親を嘆かせ申し上げるつらさ、

一七八　おくる　動ラ下二　＊

❶遅れる
❷先立たれる・遺される・生き残る・死別する
❸劣る
❷の意味に注意。誰かに「死に遅れる」ということである。
関連語　さらぬ別れ　連語　避けられない死別

❷ややもせば消えを争ふ露の世に**おくれ**さきだつ程経ずもがな（源氏物語）
ややもすれば先を争って消えて行く露のようなはかないこの世では、（夫と妻で）**遺され**たり先に死んだりするにしても、時間をおきたくないものだ。
❸こよなく**おくれ**たると見ゆ。（堤中納言物語）
格段に**劣っ**ているように思われる。
命尽きぬと聞こしめすとも、後のことおぼしいとなむな。**さらぬ別れ**に、御心動かし給ふな。（源氏物語）
（私の）命が尽きたとお聞きになったとしても、供養の法事など営んだりなさるな。**避けられない死別**に、お気持ちを動揺させなさるな。

一七九 ほど 名 ＊

程度
時間・距離・身分・年齢など、さまざまな物事や状態の**程度**・**範囲**を広く表す。（→20・27・32・62・64・74・75ページ例文）
関連語 **際**《きは》・**品**《しな》 名 **身分**・**家柄**

才の、**ほど**よりあまり過ぎぬるも、あぢきなきわざ。（源氏物語）
学才が、その人の**身の程**よりもあまりにすぐれすぎているのも、つまらないことだ。

一八〇 あてなり 形動 ＊

❶**身分が高い**・**高貴だ**
❷**上品だ**
「貴《あて》なり」と書く。

❶昔、**あてなる**男ありけり。（伊勢物語）
昔、**身分が高い**男がいた。
❷→12ページ例文

一八一 やむごとなし 形 ＊

❶**格別だ**・**重々しい**・**高貴だ**
❷**捨てておけない**・**重要だ**
「止むことなし」で、放っておけないくらい重要で重々しい存在だということから、**身分が高い**ことを表す。

❶品の程こそ一条殿に等しからねど、身のざえ・人おぼえ**やむごとなき**人なりければ、（大鏡）
家柄の程度こそ一条殿と同等ではないけれど、自身の学才・人望は**格別な**人だったので、

一八二 いやし 形

❶身分が低い
❷下品だ
類義語 しづ 名 身分が低いこと・身分の低い人

❶昔、女はらから二人ありけり。一人はいやしき男の貧しき、一人はあてなる男もたりけり。（伊勢物語）
昔、姉妹二人がいた。一人は身分が低い男で貧しい男を、一人は高貴な男を夫にしていた。

一八三 あやし 形 ＊

❶いやしい・粗末だ
❷不思議だ・不審だ・妙だ
いやしいものを「あやしい」と不思議に思うことから❶の意味が生じた。
関連語 けし 形 異様だ・変だ・合点がいかない
けしからず 連語 普通でない・異様だ・不都合だ
くすし 形 神秘的だ

❶かの白く咲けるをなむ夕顔と申しはべる。花の名は人めきて、かうあやしき垣根になん咲きはべりける。（源氏物語）
あの白く咲いている花を夕顔と申します。花の名は人のようで、このように粗末な垣根に咲くのでございます。
❷その花のなかに、あやしき藤の花ありけり。（伊勢物語）
その花のなかに、不思議な（くらい見事な）藤の花があった。

一八四 そしる 動ラ四

非難する・けなす
⬇同意語 難ず 動ザ変

聞く人そしりけるとなむ語り伝へたるとや。（今昔物語集）
（この話を）聞いた人は非難した、と語り伝えているということだ。

一八五 なめし 形 ＊

無礼だ・無作法だ

「なめる」（＝人をあなどる・馬鹿にする）という表現と関連があると考えられる。

文言葉なめき人こそ、いとにくけれ。（枕草子）
手紙の言葉が無礼な人は、たいそう憎らしいものだ。

一八六 をこなり 形動

愚かだ

「烏滸なり」と書く。
⬇関連語 をこがまし 形 ばかげている・みっともない

何しに部屋にこめ給ひて、かくをこなるものにあはせんとし給ひしぞ。（落窪物語）
どうして部屋に閉じ込めなさって、このような愚かな者と結婚させようとなさったのか。

一八七 むげなり 形動

❶最低だ・ひどい・つまらない
❷はなはだしい
❸まったくだ

「無下なり」で、それより下がないさまを表す。❷・❸は悪い意味に限らず、程度がはなはだしいことを表す。

❶なべてほだし多かる人の、よろづにへつらひ、望み深きを見て、無下に思ひくたすは僻事《ひがこと》なり。（徒然草）
総じて面倒を見る親族の多い人が、諸方面にこびへつらい、欲が深いのを見て、最低だと軽蔑するのは間違いだ。
❷むげに屈《くん》じはてにたりと見えけむ、（蜻蛉日記）
はなはだしくふさぎこんでいたように見えたのだろう、

一八八 さがなし 形

❶意地が悪い・ひねくれている
❷（子供が）いたずらだ・やんちゃだ

口が悪いことを、「口さがなし」「物言ひさがなし」などと言う。

❶いよいよ腹立ちて、まがまがしきことなどを言ひ散らし給ふ。この大北の方ぞ、さがなる者なりける。（源氏物語）
ますます腹が立って、憎らしいことなどを散々に言い立てなさる。この大北の方こそ、ひねくれ者なのであった。
❷さがなきわらはべどものつかまつりける、奇怪に候ことなり。（徒然草）
いたずらな子供たちがいたしました、けしからぬことでございます。

一八九 ありく 動力四 ＊

❶歩き回る・出歩く・動き回る
❷〜して回る・〜し続ける
現代語の「歩く」の意味を表すのは「歩む」である。「ありく」はあちこちを歩き回り、出歩くさまを表す。

❶ある女の、業平の朝臣を所さだめずありきすと思ひて、詠みてつかはしける（古今和歌集）
ある女が、在原業平を定まった場所もなくあちこち出歩いていると思って、詠んでおくった（歌）
❷→88ページ例文

一九〇 かち 名 ＊

徒歩

ある時思ひたちて、ただひとりかちよりまうでけり。（徒然草）
ある時（石清水八幡宮参拝を）思い立って、一人だけで徒歩で参拝した。

一九一 がり 接尾語

〜の所へ
誰かのいる所へ移動する、というときに用いられる。

雪のおもしろう降りたりしあした、人のがり言ふべきことありて文をやるとて、（徒然草）
雪が趣深く降った朝、ある人の所へ言うべきことがあって手紙を送る際、

一九二 やる 動ラ四

❶送り出す
❷送る・届ける
❸（補助動詞）向こうの方へ～する・はるかに～する
こちら側から向こう側へ何かを移動させることを表す。❸の補助動詞は「見やる（＝向こうの方を見る）」「思ひやる（＝思いを馳せる）」など、向こうへ動作を向ける意を表す。
⬇類義語 つかはす 動サ四 派遣する・送る・贈る
⬇関連語 やる方なし 連語 （不満・怒り・悲しみなどの）やり場がない
心をやる 連語 気晴らしをする・満足する

❷花を折りてやる。（更級日記）
花を折って届ける。
❸→59・82ページ例文
かれも、さこそ心をやりて遊ぶと見ゆれど、身はいと苦しかんなりと、思ひよそへらる。（紫式部日記）
水鳥も、あのように満足して遊ぶと（はたからは）見えるけれど、自身はたいそう苦しいのだろうと、我が身になずらえて思われる。

一九三 おこす 動サ下二

❶よこす・送ってくる・届けてくる
❷（補助動詞）こちらへ～する
「やる」の対義語で、向こう側からこちら側へという方向性を表す。「見おこす」は向こうからこちらを見ること。

❶世の中をうむじて筑紫へくだりける人、女のもとにおこせたりける（大和物語）
恋人との仲に嫌気が差して筑紫の国へ下向した人が、女のもとに（詠んで）よこした（歌）
❷→87ページ例文

一九四 とふ 動ハ四 ＊

❶尋ねる・質問する
❷安否を尋ねる・見舞う
❸訪ねる・訪問する
❹弔問する・弔う
「問ふ」とも「訪ふ」とも書き、「尋ねる」と「訪ねる」の両方の意味がある。❹は遺族を見舞って弔問する意から、死者を弔う意味にもなる。
⬇同意語 とぶらふ 動ハ四
⬇類義語 おとなふ 動ハ四・おとづる 動ラ下二
①音を立てる ②訪れる ③手紙で安否を尋ねる

❶→89・90ページ例文
❷関白殿の上の御叔父におはすれば、よろづに**問ひ**きこえ給ひ、たびたび奉り給ふ物多かり。（栄花物語）
（病人は）関白殿の奥方の叔父様でいらっしゃるので、さまざまにお**見舞い**申し上げなさり、たびたび差し上げなさる見舞いの品も多い。
❸春深きよもの梢思ひやられて、しらぬ山路だに**とは**まほしきに、（松蔭日記）
春の盛りにある四方の桜の梢のことに思いが馳せられて、見知らぬ山道でさえ**訪ね**たくなるのに、

一九五 ぐす 動サ変

❶連れて行く・持参する
❷一緒に行く・備わる・連れ添う
「具す」と書く。「具備」の「具」で、「備わっている・備える」の意。

❶中の君も、遅らかし給ふべきならねば、**具し**聞こえてぞ出で給ふ。（とりかへばや物語）
中の君も、後にお残しになるべきではないので、お**連れ**申し上げて出発なさる。

一九六 ゐる 動ワ上一 ＊

❶引き連れる・連れて行く
❷持参する・携える
「率る」と書く。❶は人、❷は物を一緒に連れて行く意。

❶見れば**率**て来し女もなし。（伊勢物語）
（奥を）見ると**連れ**てきた女もいない。
❷今日、車**率**て来たり。（土佐日記）
今日、牛車を（都から）**引いて**きた。

一九七 あるじ 名

❶もてなし
❷主人
⬇対義語 まらうと 名 客

❶・❷守の館にて、**饗応**《あるじ》しののしりて、郎等までに物かづけたり。…やまとうた、**主人**《あるじ》も**客**《まらうと》も、他人《ことひと》も言ひ合へりけり。（土佐日記）
国司の屋敷で、**もてなし**して騒いで、家来にまで物を与えた。…和歌を、**主人**も**客**も、他の人も詠みあった。

一九八 まうく 動カ下二 ＊

❶準備する・用意する
❷得る・こしらえる
「設《まう》く」と書く。❷の意味は「子供をもうける」「お金をもうける」などの用法につながっている。

❶おもひがけぬ御事にて、さる御心**まうけ**もなかりければ、（大鏡）
思いがけないことで、そのようなお心の**準備**もなかったので、
❷→41ページ例文

一九九 **あなかま** 連語

しっ、静かに
「あな、かしがまし」の略で、直訳すると「ああうるさい」になる。
関連語 あなかしこ 連語 ああ恐れ多い

忍びて笑へば、「**あなかま、あなかま**」と手かき給ふ。（狭衣物語）
（女房たちが）こっそり笑うので、「しっ、静かに、静かに」と手で制しなさる。

二〇〇 **いざたまへ** 連語

さあ、いらっしゃい
類義語 いざかし 連語 さあ、～しよう
いざさせ給へ 連語 さあ、～いたしましょう

いで、さうざうしきに、**いざたまへ**。（大鏡）
さあ、寂しいから、（こちらに）さあいらっしゃい。

二〇一 **いらふ** 動八下二 ＊

答える・返事をする
関連語 いらへ 名 返事

ふたりの子は情けなく**いらへ**てやみぬ。（伊勢物語）
二人の子は思いやりなく**答え**て取り合わなかった。

二〇二 おぼゆ 動ヤ下二 *

❶（自然に）思われる
❷思い出される
❸似る

「ゆ」は自発・可能・受け身を表す。「思ふ」の尊敬語「思《おぼ》す」（→二一二）と混同しないように注意。

⬇関連語 おぼえ 名 評判・名声・寵愛

❶佳景寂寞として心すみゆくのみ**おぼゆ**。（奥の細道）
すばらしい景色でひっそりとしていて、心が澄んでいくとばかり**思われる**。
❸尼君の見上げたるに、すこし**おぼえ**たる所あれば、「子なめり」と見給ふ。（源氏物語）
尼君が（走ってきた少女を）見上げたところ、少し**似て**いるところがあるので、「（少女は尼君の）子供なのだろう」と御覧になる。

二〇三 きこゆ（非敬語） 動ヤ下二 *

❶噂・評判になる
❷聞こえる

謙譲語の「きこゆ」（→二四三）と同じ形だが、こちらは敬語ではない。

⬇関連語 きこえ 名 噂・評判・名声

❶二町に走る鹿をば、はづさず射けるとぞ**きこえし**。（平家物語）
二町先に走る鹿を、外さずに射たと**評判だっ**た。

二〇四 すまふ 動ハ四 ＊

抵抗する・こばむ
類義語 あらがふ 動ハ四 **言い争う・反論する**

女もいやしければ、**すまふ**力なし。（伊勢物語）
女も身分が低いので、**抵抗する**力がない。

二〇五 たがふ （自動詞）動ハ四／（他動詞）動ハ下二

❶違う
❷間違う・間違える
❸背く

自動詞と他動詞で活用が違うことに注意。「たがはず」は「違っていない」、「たがへず」は「違うようにさせない」である。

関連語 **ちがふ** （自動詞）動ハ四／（他動詞）動ハ下二
行き交う／交差させる

❶悪しからぬ事なれど、殿のおぼしおきてしには**違《たが》ひ**たり。（栄花物語）
悪くない縁談だけれど、亡き父上が思い定めなさっていたこと（＝入内）とは**違っ**ている。
❷かならず、その日**たがへ**ずまかり着け。（源氏物語）
かならず、指定した日を**間違え**ず到着せよ。

二〇六 いなぶ 動バ上二・動バ四

拒絶する・断る

「否ぶ」「辞ぶ」と書く。「いいえ」という意味の「否《いな》」の動詞形である。

いなび申さむも便なし。（大鏡）
お**断り**申し上げるのも不都合だ。

二〇七　ねんず　動ザ変　＊

❶我慢する
❷心中で祈る
「念ず」と書く。

⬇関連語　たふ（堪ふ・耐ふ）　動ハ下二　じっとこらえる・我慢する

❶もののをかしさをぞ、え念ぜさせたまはざりける。わらひた、せ給ぬれば、（大鏡）
おかしさを、我慢することがおできにならなかった。笑い出しておしまいになると、

二〇八　しのぶ　動バ上二・動バ四　＊

❶耐える・我慢する
❷隠す・人目を避ける
現代語でも、❶の意味は「見るに忍びず」、❷の意味は「お忍びで」などと使われている。活用はもともとは上二段だったが、「偲《しの》ぶ」との混同で四段にも活用するようになった。

⬇関連語　偲《しの》ぶ　動バ四　思慕する・思い出す・なつかしむ

❶女君、涙をひと目浮けて、見おこせ給へる。いと忍びがたし。（源氏物語）
女君は、目に涙をためて、こちらを御覧になっている。（それを見るこちらも悲しみがこみ上げて）たいそう耐えがたい。
❷しのびつつ御とぶらひ常にあり。（源氏物語）
人目を避けながら始終安否をお尋ねなさる。
ながらへばまたこの頃やしのばれむ（百人一首）
生きながらえたら、そのときは現在のことがなつかしく思い出されるのだろうか

二〇九 手 名 *

❶（現代語と同じさまざまな意味の）手
❷筆跡・文字
❸技術・技法・腕前
❹負傷
現代語の「手」と同じく、さまざまな意味があるが、入試では特に❷の意味が問われることが多い。

❷これ手本にせよとて、この姫君の御**手**をとらせたりしを、（更級日記）
これを（習字の）手本にしなさいと言って、この姫君のご**筆跡**を与えたのを、

二一〇 ふみ 名

手紙・書物・漢詩文
⬇関連語 さくもん 名 漢詩を作ること

このごろ読むとて、もてありく**書**《ふみ》、（蜻蛉日記）
このごろ読むと言って、持ち歩いている**書物**を、

二一一 せうそこ 名

❶手紙
❷伝言・取り次ぎを頼むこと
❸安否・現在の動向
「消息」で、❸は現在と同じ意味。

❷主に**消息**きこえば、申してむや。文はよに見給はじ。ただことばにて申せよ。（大和物語）
ご主人に**伝言**を申し上げたら、伝えてくれるか。手紙は決してご覧にならないだろう。ただ口頭で申し上げよ。

二一二　かしこし　形

❶**恐れ多い**
❷**賢い・優れている**
❸**はなはだしい**
━❶は「畏し」「恐し」、❷は「賢し」と書く。

❶勅なればいとも**かしこし**うぐひすの宿はと問はばいかがこたへん　（大鏡）
天皇のご命令なのでたいそう**恐れ多い**（から、ご所望の梅の木は差し上げますが、この木をねぐらにしていた）鶯が「私の家は？」と尋ねたら、どのように答えたらいいでしょうか。

二一三　さかし　形

❶**賢い・上手だ**
❷**しっかりしている**
❸**こざかしい**
━「かしこし」と違い、❸のような良くない意味で使われる場合もある。
⇩**関連語**　さかしら　名　**利口ぶること・おせっかい**

❷中に心**さかしき**者、念じて射んとすれども、　（竹取物語）
中でも心が**しっかりした**者は、（手に力が入らないのを）我慢して射ようとするけれども、
さかしらする親ありて、　（伊勢物語）
おせっかいをする親がいて、

二一四
おとうと 名

❶同性のきょうだいで、年下の者。兄に対する弟、姉に対する妹。
❷年下の人
現代語との意味の違いに注意。なお、「兄」「姉」は現代語と同じ意味である。
関連語 このかみ 名 ①兄・姉 ②年上の人

❶かの北の方の御おとうと九の君を、やがてえたまはむとなんおぼしけるを、（大和物語）
亡くなった奥方の妹君の九の君を、そのまま後妻として迎えようとお思いになったが、

二一五
いもうと 名

（男性にとっての）姉・妹
年齢の上下にかかわらず用いられる。
関連語 せうと 名 （女性にとっての）兄・弟
はらから 名 兄弟姉妹

いもうとの君のこともくはしく問ひ聞き給ふ。（源氏物語）
（源氏は、空蝉の弟の小君に）姉君のことも詳しくお尋ねになる。

二一六
ひがごと 名

間違い・あやまち
「ひが」は本来、「ひねくれている」の意で、そこからくる間違いを表す。

わが僻事《ひがごと》を思ふか。（無名抄）
私が間違ったことを思っているのか。

二一七 かる 動ラ下二 ＊

❶離れる
❷別れる
「離る」と書き、和歌では「枯る」と掛詞になることも多い。
❶人目も草も**かれ**はてて、（狭衣物語）
人目もすっかり**離れ**草も枯れはてて、

二一八 あくがる 動ラ下二 ＊

❶上の空になる
❷さまよい出る・さまよい歩く
「かる」（↓二一七）と関連する。
❷もの思へば沢の蛍もわが身より**あくがれ**いづるたまかとぞみる（和泉式部集）
物思いをしていると、渓流の蛍も、自分の体から**さまよい出た**魂ではないかと見ることだ。

二一九 ときめく 動カ四 ＊

❶時流にのって栄える
❷寵愛を受ける
「時めく」で、時の勢いに合って栄える意。
関連語 ときめかす 動サ四 寵愛する
心ときめきす 動サ変 期待・不安で胸がどきどきする
❷いとやむごとなき際にはあらぬが、すぐれて**ときめき**給ふありけり。（源氏物語）
たいそう高い身分ではないが、抜きん出て（帝の）**寵愛を受け**なさっている方がいた。

二二〇　おはす 動サ変 ・おはします 動サ四 ＊

いらっしゃる

尊敬語は、**動作をする人**への敬意を表す。「おはす」「おはします」は、「**あり**」「**をり**」の尊敬語である。「おはします」の方が敬意が高い。本動詞と補助動詞の用法があるが、いずれも「**いらっしゃる**」と訳せばよい。

関連語
ます・います・まします 動サ四 **いらっしゃる**
いますかり〔**いまそかり**〕 動ラ変 **いらっしゃる**

常の人よりも御心ざまさかさかしく**おはしまし**ければ、（太平記）
普通の人よりもご気性がしっかりして**いらっしゃっ**たので、
染殿の内侍といふ**いますかり**けり。それを能有の大臣と申しけるなむ、時々すみたまひける。（大和物語）
染殿の内侍という方が**いらっしゃっ**た。その方に能有の大臣と申し上げた方が、時々通っていらっしゃった。

二二一　おぼす・おぼしめす 動サ四 ＊

お思いになる

「思ふ」の尊敬語である。「おぼしめす」の方が敬意が高い。連用形「**おぼし**」「**おぼしめし**」＋**心情を表す動詞**の形で、その動詞の尊敬表現になる。「おぼしなげく」「おぼしめしなげく」（＝「お嘆きになる」）、「おぼしわする」「おぼしめしわする」（＝「お忘れになる」）など。

御心のうちにぞ、いとあさましく、かへすがへすとりかへばやと**おぼされ**ける。（とりかへばや物語）
（若君が女の子のように、姫君が男の子のように育っているので、父親の大将殿は）お心のなかで、たいそう情けなく、かえすがえすも（二人を）取り替えたいと**お思いになっ**た。

二二二　のたまふ 動八四・のたまはす 動サ下二 ＊

おっしゃる
「言ふ」の尊敬語である。「のたまはす」の方が敬意が高い。

「和歌ひとつづつつかうまつれ。さらばゆるさむ」と**のたまはす**。（紫式部日記）
「和歌を一つずつ詠み申し上げよ。そうしたら許してやろう」と**おっしゃる**。

二二三　おほす 動サ下二・おほせらる 動ラ下二 ＊

❶おっしゃる
❷命じる
「仰《おほ》す」「仰《おほ》せらる」で、「言ふ」の尊敬語である。❷の意味が原義。

❶いで、あなけしからずや。などかくは**仰せらるる**。（落窪物語）
まあ、ああとんでもないこと。どうしてこのように**おっしゃる**のか。
❷すなはち官人に**おほせ**て白昼に禁獄せられける。（古今著聞集）
すぐに役人に**命じ**て白昼に牢屋に入れさせなさった。

二二四　きこしめす 動サ四 ＊

❶お聞きになる
❷召し上がる・お飲みになる
❶は「聞く」の尊敬語、❷は「食ふ」「飲む」の尊敬語である。

❶よくよく誰も誰も**きこしめせ**。（大鏡）
みなさん、よく**お聞きになって**ください。
❷→13ページ例文

二二五　たまふ（尊敬語）　動八四　＊

❶お与えになる・くださる
❷～なさる・お～になる

❶は本動詞で、「与ふ」の尊敬語。❷は補助動詞で、敬意だけを表す用法。

❶仁和の帝、親王におはしましける時に、人に若菜**たまひ**ける御歌（古今和歌集）
光孝天皇が、親王でいらっしゃった時に、人に若菜を**お与えになっ**た際のお歌
❷中将の君も、さま異なる夢を見**給《たま》ひ**て、（源氏物語）
中将の君も、異様な夢を見**なさっ**て、

二二六　たまふ（謙譲語）　動八下二　＊

～ております・～ます

「たまふ」は、四段活用の場合は**尊敬語**で、下二段活用の場合は**謙譲語**である。謙譲語の「たまふ」は、補助動詞としておもに会話文・手紙文で用いられ、聞き手・読み手に対してへりくだる意を表す。謙譲語に分類するが、丁寧語のように訳すのがよい。

その苦を免れて、うれしと思ひ**給へ**しかば、（宇治拾遺物語）
その苦しみを免れて、うれしいと思い**まし**たので、

二二七 たぶ・たうぶ 動バ四

❶お与えになる・くださる
❷〜なさる・お〜になる
―「給ぶ」「賜ぶ」で、「たまふ」より敬意は低い。

❶御船《みふね》よりおほせ**たぶ**なり、朝北《あさきた》の出《い》で来《こ》ぬ先に、綱手《つなで》はや曳《ひ》け。（土佐日記）
船客様がご命令を**お下しになった**のだ、朝の北風が吹き始める前に、引き綱を早く曳け。

二二八 たまはす 動サ下二

お与えになる
―「与ふ」の尊敬語である。

摂政殿、袙《あこめ》の御衣《おんぞ》ぬぎて**賜《たま》はす**。（栄花物語）
摂政殿は、袙を脱いで（ほうびとして）**お与えになる**。

二二九 たまはる 動ラ四

いただく・ちょうだいする
―「受く」の謙譲語である。

忠岑も禄**賜はり**などしけり。（大和物語）
忠岑もほうびを**いただき**などした。

二三〇 うけたまはる 動ラ四

❶お受けする
❷お聞きする
―❶は「受く」の謙譲語、❷は「聞く」の謙譲語である。

❷ちと**うけたまはら**ばや。（徒然草）
ちょっと**お聞きし**たい。

二三一 めす 動サ四

❶お呼びになる・お取り寄せになる
❷召し上がる
❸お召しになる
❹お乗りになる
―「呼ぶ」「食ふ」「着る」「乗る」などの尊敬語である。

❶まづ、**召す**に参らん。（狭衣物語）
まずは、**お呼びになっ**たから参上しよう。
❸白衣を**召し**て野辺の送りをし給へり。（義経記）
白衣を**お召しになっ**て葬送をなさった。
❹御舟に**めし**て御らんぜられけり。（古今著聞集）
お舟に**お乗りになっ**て（捕まった盗人を）ご覧になった。

二三二 ごらんず 動ザ変

ご覧になる
―「見る」の尊敬語である。

みかど小蔀《こじとみ》より**御覧じ**て、（大鏡）
帝は小蔀から**ご覧になっ**て、

二三三 おほとのごもる 動ラ四 *

おやすみになる
―「寝《ぬ》」の尊敬語である。

親王、**大殿籠《おほとのごも》ら**で明かし給うてけり。（伊勢物語）
親王は、**おやすみになら**ないで夜を明かしなさった。

二三四　しろしめす　動サ四

❶お治めになる・領有なさる
❷ご存じである
「しる」（❶は「領る」、❷は「知る」）の尊敬語である。
関連語　しる　動ラ四　治める・領有する・知る

❶今、すべらぎの、あめのした**しろしめす**こと、四つの時九回《ここのかへ》りになんなりぬる。（古今和歌集）
今、天皇が、天下を**お治めになる**ことは、九年間になった。
❷君はいまだ**しろしめさ**れさぶらはずや。（平家物語）
陛下はまだ**ご存じ**ないのでございますか。

二三五　あそばす　動サ四

❶お弾きになる・お詠みになる・（碁を）お打ちになる
❷なさる
現代では補助動詞として「～なさる」という意味で用いられるが、このような用法は近世以降のものである。

❶琵琶は誰が**遊ばす**ぞ。（うつほ物語）
琵琶は誰が**お弾きになってい**たのか。

二三六 行幸 名 ＊

天皇のお出かけ・お出まし
「みゆき」とも「ぎやうがう」とも読む。

昔、みかど、住吉に**行幸**したまひけり。（伊勢物語）
昔、帝が、住吉に**お出かけ**あそばした。

二三七 御幸 名

上皇・法皇・女院のお出かけ・お出まし
元来は「みゆき」で「行幸」との使い分けはなかったが、中世以降は「ごかう」と読んで区別するようになった。

関連語 **行啓**《ぎやうけい》 名
三后（太皇太后・皇太后・皇后）、東宮のお出かけ・お出まし

三月上旬に、上皇安芸国厳島へ**御幸**なるべしときこえけり。（平家物語）
三月上旬に、上皇が安芸の国厳島へ**お出かけ**になるはずだと評判になった。
山門の大衆、またおびただしう下洛すときこえしかば、夜中に主上腰輿に召して、院御所法住寺殿へ行幸なる。中宮は御車にたてまつって**行啓**あり。（平家物語）
比叡山の僧兵たちが、また大勢で都へ下りてくると噂になったので、夜中に高倉天皇はお輿にお乗りになって、後白河院の御所、法住寺殿にお出ましになる。中宮は牛車にお乗りになって**お出まし**になる。

二三八 うち 名

❶内裏・宮中
❷天皇・帝
❸内部・私事
「内」だが、❶と❷の意味では「内裏」とも書く。

関連語
雲居《くもゐ》・雲の上・九重《ここのへ》 名 内裏・宮中
雲の上人《うへひと》 名 殿上人
内の上《うへ》・すべらぎ 名 天皇・帝
上《うへ》 名 ①天皇・天皇のいらっしゃるあたり ②貴人の正妻・奥方 ③上・上部・身の上
おほやけ 名 朝廷・国家・天皇

❶**内**よりはふたがりてはべりけり。（源氏物語）
内裏からは方角がふさがっております。
❷母宮、**内**のひとつ后腹になんおはしければ、（源氏物語）
（葵の上の）母上は、桐壺**帝**とご同腹の、皇后を母となさる方でいらっしゃるので、
①**上**も宮も興ぜさせ給ふ。（枕草子）
帝も中宮も面白がりなさる。
②殿・**上**、あかつきに一つ御車にてまゐり給ひにけり。（枕草子）
（中宮の両親である）殿下と**奥方**が、夜明け前に一つの牛車に同車して参内なさった。

二三九　まゐる　動ラ四　＊

❶参上する・参内する
❷（寺社仏閣に）参詣する
❸入内する
❹差し上げる・～して差し上げる
❺お召し上がりになる
❻参ります
❶・❷・❸は「行く」の**謙譲語**で、❻は**丁寧語**である。❹は身分の高い人のために何かをする意の**謙譲語**、❺は**尊敬語**の用法である。

❶→28・30・44・47・96・99ページ例文
❸姫君**参り**給ひて承香殿に住み給ふ。（栄花物語）
姫君が**入内**なさって承香殿にお住まいになる。
❺御湯などまゐらせたてまつり給へど、露ばかり**まゐる**気色もなし。（源氏物語）
（薫は大君に）薬湯などを差し上げ申し上げなさるけれど、ほんの少しも**お召し上がりになる**様子はない。

二四〇　まうづ　動ダ下二　＊

❶参上する
❷（寺社仏閣に）参詣する
「まゐり出づ」の転。❷の意味で使われることが次第に多くなり、現代でも「初詣《はつもうで》」などと言う。

❶→31・70・103ページ例文
❷たのみ侍りける人におくれてのち、初瀬に**まうで**て、（古今和歌集）
頼りにしていました夫に先立たれた後、長谷寺に**参詣し**て、

二四一 まかる 動ラ四 *

❶退出する
❷地方へ下向する
❸参ります
❹～し申し上げる・～します
❶は謙譲語、❸は丁寧語、❹は動詞の上に付いて謙譲または丁寧の意を添える用法である。❷のみ敬語ではないが、これが原義である。

❶憶良らは今はまからむ子泣くらむそを負ふ母も吾を待つらむぞ（万葉集）
憶良めは、今は退出しましょう。子が泣いているだろうし、その子をおんぶする母も私を待っているだろうから。
❷保昌に具して丹後国へまかりしに、（和泉式部集）
（丹後守になった）保昌と一緒に丹後国へ下向したところ、
❸主の御つかひに市へまかりしに、（大鏡）
主人のお使いで市場へ参りましたところ、
❹また同じ頃、まかり通ひし所は、（源氏物語）
また同じ時期に通っていました所は、

二四二 まかづ 動ダ下二 *

❶退出する
❷参ります
「まかり出づ」の転。❶は謙譲語で「まゐる」の対義語、❷は丁寧語の用法である。

❶にはかにまかでさせたてまつり給ふ。（源氏物語）
急に（宮中から女御を）退出させ申し上げなさる。

二四三 きこゆ 動ヤ下二・きこえさす 動サ下二 ＊

❶申し上げる
❷〜し申し上げる
「言ふ」の**謙譲語**。「きこゆ」（→二〇三）参照。「ゆ」は自発・可能・受け身を表し、「自然に聞こえるようにする」と婉曲に表現することから謙譲の意味が生じた。❷は補助動詞の用法である。

「きこえさす」の方が敬意が高い。

❶・❷上の一つ御腹の二品法親王性円と**きこゆる**を、いとかなしきものに思ひ**きこえさせ**給ひて、（増鏡）
（後宇多法皇は）後醍醐天皇の同母弟である二品法親王性円と**申し上げる**ご子息を、たいそういとしいと思い**申し上げ**なさって、

二四四 申す 動サ四

❶申し上げる・〜し申し上げる
❷申します
❶は謙譲語、❷は丁寧語の用法である。

❶→37・47・48・53・58・86・88・92・104ページ例文
❷→77ページ例文

二四五 奏す 動サ変

（天皇・上皇に）申し上げる
関連語 啓す 動サ変 （皇后・皇太子などに）申し上げる

→41ページ例文

二四六 たてまつる 動ラ四 ＊

❶差し上げる
❷～し申し上げる
❸お召しになる
❹お乗りになる
❶は謙譲語の本動詞で「与ふ」の謙譲語。❷は補助動詞の用法である。❸・❹は「召す」（→二三一）と同様に、「着る」「乗る」の尊敬語である。

❶簾少し上げて、花たてまつるめり。（源氏物語）
簾を少し上げて、（仏に）花を差し上げるようだ。
❷御室にまうでて、拝み奉るに、（伊勢物語）
ご庵室に参上して、（親王を）拝み申し上げると、
❸狩の御衣を奉り、（源氏物語）
狩衣をお召しになり、
❹→98ページ例文

二四七 まゐらす 動サ下二

❶差し上げる
❷～し申し上げる
二四六「たてまつる」の❶・❷と同じ意味。二三九「まゐる」と意味を区別すること。

❶薬の壺に、御文添へてまゐらす。（竹取物語）
薬の壺に、お手紙を添えて（天皇に）差し上げる。
❷教盛を一向二心ある者とおぼしめすにこそ。これほどうしろめたう思はれまゐらせては、世にあつても何にかはし候べき。（平家物語）
（清盛は）この教盛をまったく裏切り者とお思いになっているに違いない。これほど信頼できないと思われ申し上げているなら、俗世にあってもどうしようもありません。

二四八 つか（う）まつる 動ラ四 ＊

❶**お仕え申し上げる**
❷**（何かを）し申し上げる**
❸**いたします**

「仕《つか》へまつる」からできた語。❷は「歌つかうまつる（＝歌をお詠み申し上げる）」のように使われる。❸は**丁寧語**の用法。

❶童より**仕《つか》まつり**ける君、御髪下ろし給うてけり。（伊勢物語）
子どもの頃から**お仕え申し上げ**ていた主君が、出家なさってしまった。
❷→93ページ例文
❸→79ページ例文

二四九 はべり 動ラ変 ＊　二五〇 さぶらふ〔さうらふ〕 動ハ四 ＊

❶**お仕えする・お控えする**
❷**います・あります・ございます**
❸**〜ます・〜です・〜でございます**

❶が**謙譲語**、❷・❸が**丁寧語**の用法。「はべり」も「さぶらふ」も基本的に意味は共通するが、「はべり」については圧倒的に丁寧語の用法が多い。

❶→33・63ページ例文
❷翁、皇子に申すやう、「いかなる所にか、この木は**候《さうら》ひけむ**」と申す。（竹取物語）
翁が、皇子に申し上げることには、「どのような所に、この木は**ありました**でしょうか」と申し上げる。
❸からい目を見**候ひ**て。誰にかは憂へ申し**侍《はべ》ら**む。（枕草子）
ひどい目を見**まし**て。誰に（この苦しみを）訴え申し上げ**ましょう**か。

さくいん

□**見出し語** **00**
□関連語・類義語・同意語等　00
（00）例文中の掲載ページ

あ

い

く

け

こ

さ

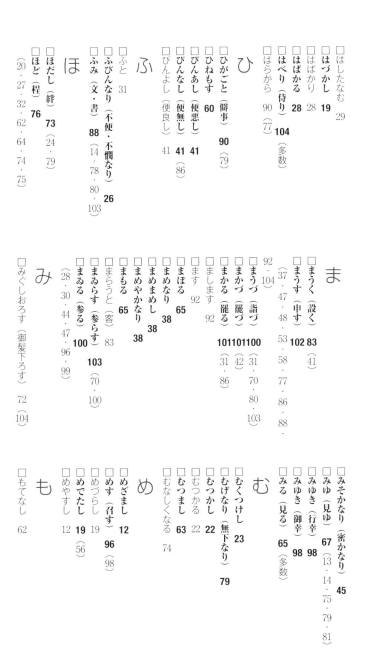

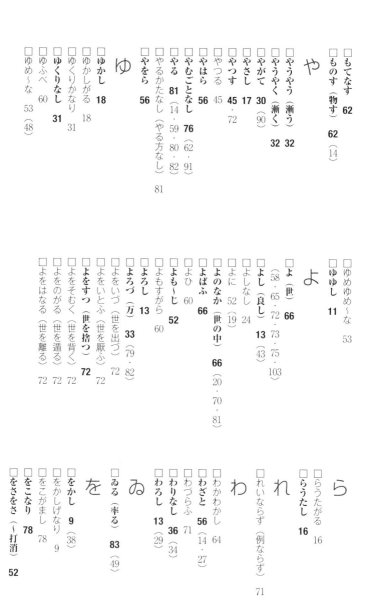